# 学生核心素养视角下的英语学科能力研究

朱 波 著

北京工业大学出版社

**图书在版编目（CIP）数据**

学生核心素养视角下的英语学科能力研究 / 朱波
著 . -- 北京：北京工业大学出版社，2019.11
ISBN 978-7-5639-7236-4

Ⅰ．①学… Ⅱ．①朱… Ⅲ．①英语课－教学研究－中
学 Ⅳ．① G633.412

中国版本图书馆 CIP 数据核字（2019）第 284100 号

## 学生核心素养视角下的英语学科能力研究

| | |
|---|---|
| **著　者：** | 朱　波 |
| **责任编辑：** | 刘卫珍 |
| **封面设计：** | 点墨轩阁 |
| **出版发行：** | 北京工业大学出版社 |
| | （北京市朝阳区平乐园 100 号　邮编：100124） |
| | 010-67391722（传真）　bgdcbs@sina.com |
| **经销单位：** | 全国各地新华书店 |
| **承印单位：** | 定州启航印刷有限公司 |
| **开　　本：** | 710 毫米 ×1000 毫米　1/16 |
| **印　　张：** | 11.25 |
| **字　　数：** | 225 千字 |
| **版　　次：** | 2019年 11月第 1 版 |
| **印　　次：** | 2020年 6月第 2 次印刷 |
| **标准书号：** | ISBN 978-7-5639-7236-4 |
| **定　　价：** | 59.00 元 |

# 前　言

2016 年国家教育部颁发《中国学生发展核心素养》总体框架，提出中国学生发展核心素养，以科学性、时代性和民族性为基本原则，以培养"全面发展的人"为核心，主要实施方式为课程改革、教学实践和教育评价。

核心素养是当今时代公民素养的高度概括，它凸显了学校教育的根本目的和课程改革的方向。每门学科都有其核心素养发展的独特性，通常认为，核心素养落实到课堂教学上，必须经过从核心素养到学科核心素养，再从学科核心素养到课程标准，最后到教学改进的转化过程。

核心素养在教学改进进程中所引起的最根本性变革是实现课堂教学的转型——从"知识传递"的教学转向"知识建构"的教学，从"教堂（灌输中心课堂）"转向"学堂（对话中心课堂）"。从学生学习的角度说，在学堂上，每名学生不是被动地学习，而是能动地学习；不是竞争性地学习，而是合作性地学习；不是单项传递、孤独地记忆知识，而是进行双向性、多向性的对话学习。

《学生核心素养视角下的英语学科能力研究》正是在这样的教育变革背景下，由基层学校的优秀教师实践探索提炼而成的一本值得借鉴的课堂教学智慧结晶。本书围绕英语学科核心素养中"学科核心能力"这一关键内容进行研究，第一章对英语学科能力进行了理论方面的叙述。第二章对英语学科能力表现的测评方法、测评工具以及水平划分层级分别进行了总结。第三章指出提升英语学科能力的策略。第四章对影响学生学科能力表现的因素进行了分析。第五章研究了核心素养视角下如何提升教师的专业素养。第六章提出了英语教学改进的具体流程与方法，并列举了课堂教学改进案例，提高了本书的实用性与应用性。

此外，本书在撰写过程得到了国内外许多专家学者的支持和帮助，才使得本书能够及时与读者见面。本书在撰写过程中还参考了部分资料，由于出版时间仓促，未能及时与相关作者取得联系，在此致以谢意。

# 目　录

# 第一章　核心素养视角下的英语学科能力理论基础

## 第一节　核心素养的理论与实践研究现状

虽然国内从政策层面上提出核心素养的概念是近期的事情，但国内教育界对核心素养的概念并不完全陌生。世界上很多国家和国际组织已经提出了适用于本国或相关地区（组织）的核心素养框架，并制定了相应的教育政策。我国已有不少学者介绍了这些方面的情况，也探讨了对中国教育改革的启示。

### 一、核心素养的定位与基本原则

#### （一）核心素养的定位

2014 年 3 月，一个新的概念——核心素养（Key Competences），首次出现在教育部印发的《关于全面深化课程改革，落实立德树人根本任务的意见》（以下简称《意见》）中，提出"教育部将组织研究提出各学段学生发展核心素养体系，明确学生应具备的适应终身发展和社会发展需要的必备品格和关键能力"。"核心素养"被置于深化课程改革、落实立德树人目标的基础地位，成为下一步深化工作的"关键"因素和未来基础教育改革的灵魂。

2019 年 6 月 20 日，教育部召开新闻发布会，解读《国务院办公厅关于新时代推进普通高中育人方式改革的指导意见》。以"核心素养"为中心的课程改革，将核心素养作为课程设计的依据、出发点和落脚点，并落实到课程标准中。基于此背景，已颁布的《普通高中课程方案和课程标准》（2017 版）新增核心素养以及基于核心素养制定出来的质量标准。在高中各科课程标准修订过程当中又明确了学科核心素养，将"立德树人"变得具有可操作性，更加具体。我国正处于新课改的关键阶段，以核心素养为教育目标的新一轮课改正处于"深水区"，需要集中精力推动课改进入一个高质量持续发展的阶段。在这样一个教育背景下，通过以"素养"为核心的课程实施来促进个体发展和社会发展，培养具有核心素养的新国民成为我国当前教育改革的核心任务。世界各国的课程标准中强调"关注学生的发展，培养学生核心能力"的趋势，推动了学生核心素养模型的制定。从该定位可以看出，"核心素养"的培养和发展，在当代教育改革中占有重要地位。

### （二）发展核心素养的基本原则

第一，坚持科学性。紧紧围绕立德树人的根本要求，坚持以人为本，遵循学生身心发展规律与教育规律，将科学的理念和方法贯穿研究工作全过程，重视理论支撑和实证依据，确保研究过程严谨规范。

第二，注重时代性。充分反映新时期经济社会发展对人才培养的新要求，全面体现先进的教育思想和教育理念，确保研究成果与时俱进、具有前瞻性。

第三，强化民族性。着重强调中华优秀传统文化的传承与发展，把核心素养研究植根于中华民族的文化历史土壤，系统落实社会主义核心价值观的基本要求，突出强调社会责任和国家认同，充分体现民族特点，确保立足中国国情、具有中国特色。

### 二、英语核心素养的内涵

在课程改革中，课堂教学所实施的学科教学极为重要。各学科除了使每一名学生都可以熟练掌握相关的知识点之外，还必须要借助学科知识的学习，大力培养学生的科学精神。所以，教师应就英语学科价值、学科育人意义进行思考。此外，新课改后的英语教学应充分发挥育人功能，并且要关注相关学科的育人功能。学生的发展所需要的素养是多方面的，核心素养适用于基础教育的各个学科，而非某一学科；它是综合性的、跨学科的。各学科应根据核心素养的要求，形成本学科的核心素养。个人修养、社会关爱、家国情怀、自主发展、合作参与、创新实践，是统摄这些学科核心素养的主轴。

《普通高中英语课程标准》（修订稿），针对课程性质、课程目的进行了更为全面的界定，并提出"学生学习外语的目的，不仅是学习一项语言技能，同时应注重通过外语学习和对外国文化的了解与借鉴，促进学生自身价值观、人生观的发展和综合人文素质的提高"。

王璐在其《英语核心素养的培养途径》中提出的英语核心素养主要是指，学生通过英语课教育及自身的实践和认识活动获得的相关英语学科的基础知识、技能等。

冀小婷在《英语学科核心素养培养的实现途径》中表明英语学科核心素养，一般包含四个层面的内容，那就是语言能力、学习能力、思维能力以及文化品格。语言能力表现为在一定社会情境中凭借语言理解进行信息的表达。思维能力是每个学生都有自己特有的考虑问题的思维，有着非常独特的逻辑性，在核心素养培养期间，要激发学生的思维创造性与批判性，并运用自己的个性思维来开展英语学习。文化品格包括对中外文化的深刻理解，需要对优秀的中外文化有一个准确认知，在此基础上再进行针对性学习。学习能力可以非常积极地对学习策略进行良好调适，从根本上促进学习效率的不断提升，加大潜能的激发。正如陈艳君、刘德军所说的，"英语教学专家们已初步勾勒出英语学科核心素养蓝图：语言能力、文化意识、思维品质、学习能力四个维度组成了英语学科核心素养"。可见，"语言能力、文化意识、思维品质、学习能力"四个方面普遍被认可为英语核心素养的组成部分。

### 三、英语学科核心素养的实质内涵

前面简要综述了有关英语核心素养的研究，探讨了英语核心素养的内涵。本部分聚焦中国语境下发展学生英语学科核心素养的实质内涵。

对于很多人而言，提到语文素养、艺术素养等概念，大都不会觉得陌生。但是，新近提出的英语素养（或英语学科素养）这个概念，大家或多或少感到不容易理解。笔者经常听到或读到这样的观点：对于中国学生来说，英语就是一种语言技能，谈不上素养。其实，这种观点只注意到英语作为一种语言的价值，没有全面把握英语作为一个学科的育人价值。如果不能准确把握英语学科的育人价值，就不能理解英语学科核心素养的实质内涵。

#### （一）英语学科的育人价值

新修订的各学科高中课程标准有一个共同特点，即各学科都以核心素养为基础来设置课程的内容和目标。这一举措与以往的课程内容和目标的主要区别在于，除了重视发展学生的学科能力以外，还凸显了课程的育人价值。甚至可以这样说，育人价值是学科核心素养的基础，英语学科也不例外。为了便于理解和把握英语学科核心素养的内涵，我们首先要明确英语学科的育人价值。

所谓学科的育人价值，是指某个学科的课程内容除了使学生学习某些学科知识和发展学科技能之外，还要促进学生在心智能力、情感态度、思想品德、社会责任等方面的发展。基础教育阶段的各门学科都有育人的价值，都可以从不同的角度促进学生的全面发展，英语学科也不例外。

长期以来，英语学科一直被认为是一门工具性学科，中小学开设的英语课程在内容选择和目标设置方面具有明显的功利性。其背后是这样的认识：语言是交流的工具；对于中国学生来说，把英语作为外语来学习，其目的无外乎是使学生掌握另外一种交流的工具，以便他们在日后的学习、生活和工作中使用英语。除此以外，学习英语好像没有其他作用。受这一认识的影响，一些人甚至认为，并非每个学生都需要学习英语，英语课程可有可无，因为并非每个中国人今后都需要使用英语。其实，以上观点是非常片面的，根源在于没有认识到英语课程的育人作用。

　　对于中国人来说，英语是一门外语，学习英语有利于我们在经济、文化、科学技术、国家安全等领域开展对外交流与合作，也有利于我们通过英语来学习科学文化知识。但是，如果仅仅从英语作为交流工具的角度来看待中小学英语学科和英语课程的价值，在学理上是不能完全说得通的。其实，中小学的英语学科和英语课程，除了使学生把英语作为交流工具来学习以外，还具有多重的育人价值。为了说明这一道理，我们先看看其他学科的育人价值。

　　我们首先以中小学的数学学科为例。数学课程不仅仅是为了使学生能够计算或解决数学问题，也不仅仅是为了使学生能够在学习其他学科（如物理、化学）的过程中运用数学知识，数学学科的另外一个重要目的是培养学生的思维能力，特别是数学思维能力和数学思想。数学是人类的一种文化，它的内容、思想、方法和语言是现代文明的重要组成部分。数学学科的育人价值是显而易见的。同理，中小学的艺术类课程，就学习内容而言，主要是音乐、美术、舞蹈等方面的知识和技能，但开设艺术课程的主要目的并不是使学生今后成为艺术家或以艺术谋生，而是使学生体验艺术课程学习过程中的快乐，感受艺术、欣赏美好，丰富学生生命的意义，陶冶学生的情操，提高学生的审美能力。再有，中学历史课程也并不是为了使学生能够在生活或工作中直接使用历史知识或以史为鉴，而是为了培育学生认识人、社会与自然及其相互关系所必备的人文素质，养成更为理性、更有智慧地参与现代社会生活所必要的思维习惯及能力。

　　从以上简要的分析可以看出，虽然中小学各门课程都有各自的学科内容，但其目的都不完全是使学生成为这些学科的专家，也不完全是为了使学生在今后的生活和工作中直接使用这些学科知识和技能。中小学各门课程都有育人的价值，从不同的角度促进学生的全面发展，包括认知能力的发展、情感态度和价值观的发展。

　　如果中小学的数学、艺术、历史等课程的价值不局限在本学科知识和技能的学习，我们又有什么理由认为英语学科只是学习一门可以用于交流的语言呢？也许有人会问，英语不就是一种交流工具吗？学习英语的作用怎么能与学习数学、艺术、历史等学科相比呢？要回答这些问题，我们不妨先想一想母语的作用。大家都知道，母语的作用绝对不只是帮助我们交流。母语是我们思维的工具。学习母语使我们能够思维，学习母语可以促进思维的发展。另外，母语与我们的文化有千丝万缕的联系。同理，英语不仅是交流的工具，也是思维的工具，也与英语国家的文化有千丝万缕的联系。学习英语的过程是学生接触其他文化、形成跨文化理解意识与能力的重要途径，也是促进学生思维能力进一步发展的过程。

### （二）英语学科核心素养的构成要素

把握英语学科的育人价值有助于我们理解英语学科核心素养的内涵及其构成要素。基于核心素养的英语课程理念，就是从英语的工具性和英语学科的人文性这两个角度来设置英语课程的内容与目标的。也就是说，学习课程不仅要考虑学生应该学习哪些英语知识和技能，将来能够用英语做哪些事情，还要考虑学生通过学习课程可以学习其他哪些方面的知识，形成哪些关键技能和必备品格。为了全面体现英语学科的育人价值，在充分吸收和借鉴国内外有关核心素养的理论和实践研究成果的基础上，结合中国基础教育英语课程的现实需求，新修订的《高中英语课程标准》将英语学科核心素养归纳为语言能力、文化意识、思维品质和学习能力四个方面，如图1-1所示。

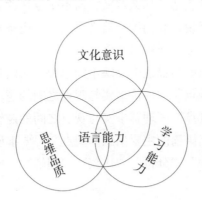

**图1-1　英语学科核心素养的构成要素**

1.语言能力

语言能力主要是指在社会情境中借助语言进行理解和表达的能力。语言能力是英语学科核心素养中的"核心"。语言能力是一个含义很广的概念。它既包括过去常说的听、说、读、写等语言技能，也包括对语言知识的理解和运用能力，还包括语言意识、交际身份意识等。具体地讲，语言能力包括以下几个方面：（1）关于英语和英语学习的一些意识和认识，例如，对英语作为一种国际通用语言的重要性的认识，对学习英语的意义与价值的认识，对英语与文化、英语与思维之间的关系的认识；（2）对英语语言知识的掌握情况，特别是运用英语语言知识建构和表达意义的能力；（3）理解各种题材和体裁的英语口语和书面语篇的能力；（4）使用英语口语和书面语进行表达的能力；（5）通过语言建构交际角色和人际关系的能力。

关于语言能力的内涵，有几点需要特别关注。

第一，语言能力的一个重要组成部分是语言知识。语言知识不局限于语音、词汇和语法层面的知识，还包括语篇知识和语用知识。巴克曼（Bachman）和帕尔梅（Palmer）提出的语言能力模型就包括很多重要的语言知识，其中包括语篇知识和语用知识。尽管语篇知识、语用知识等概念大家并不陌生，但这些概念的真正内涵并不容易把握，特别是对于一线英语教师。

第二，语言能力的界定不仅强调了语言知识的学习，而且特别注重语言知识在建构和表达意义的过程中所起的作用，也就是说，语言使用者究竟是如何利用语音、词汇、语法、语篇、语用等方面的知识来表达意义的。

第三，在语言技能方面，特别强调对语篇做出的反应。过去更加强调对语篇的理解，即知道语篇表达了什么意义；而不太重视读者对语篇表达的意义应该做出的反应。也就是说，我们读一篇文章之后，应不只停留在理解上，还要对语篇内容有自己的思考、判断和分析。

第四，要注意语言能力描述中反映不同思维层次的目标，如"阐释和评价语篇中的主要信息和观点""评价事实与观点之间的逻辑关系""分析和比较语篇中的主要信息和观点""理解事实与观点之间的逻辑关系""区分语篇中的事实与观点""找出语篇的主要信息和观点"。要准确把握这些目标描述中使用的"阐释""评价""分析""比较""理解""区分""找出"等词语的内涵差异。

第五，强调语篇的人际意义。在阅读理解的过程中，与其说是读者与文本互动，不如说是读者与文本的作者互动。既然是互动，那么作者与读者总是以一定的角色进行互动。换句话说，作者在创作语篇时，总要直接或间接地体现自己的角色，也会为期待的目标读者设置角色。这就是语篇的人际意义。对很多英语教师来说，这些概念可能有些陌生，但其中的道理应该并不难理解，只是在过去的英语教学中不太重视。

2. 文化意识

国际理解能力和跨文化交流能力是 21 世纪公民的必备素养。学习外语，特别是英语，是实现国际理解和跨文化交流的重要途径。但是，很多人只看到了国际理解和跨文化交流中英语作为一种语言工具的作用，而没有意识到学习英语的过程本身也是增进国际理解和形成跨文化意识和能力的过程。在英语学习的过程中，学生要学习大量的英语语篇（包括口语语篇和书面语篇）。在学习这些语篇的过程中，学生要接触大量的英语国家的社会现象和文化背景。

青少年时期是学生的情感态度和价值观发展的重要阶段。中小学的各个学科都对学生形成积极的情感态度和价值观有重要的影响，英语学科也不例外。不同的民族有不同的情感态度和价值观。这些情感态度和价值观以各种形式体现在语言和语言使用中。学习母语以外的语言，能够使我们了解其他民族的情感态度和价值观。

文化意识核心素养不仅仅指了解一些文化现象和情感态度与价值观，还包括评价语篇反映的文化传统和社会文化现象，解释语篇反映的文化传统和社会文化现象，比较和归纳语篇反映的文化，形成自己的文化立场与态度、文化认同感和文化鉴别能力。从这个角度来看，文化意识的内涵超越了以往所说的跨文化意识和跨文化交际能力。

虽然文化意识的某些方面显得抽象和宽泛，但文化也是可教授的，教授的重心在于通过学习者对获取的信息加以思考，为不同的文化信念寻找合理性解释，从而增补、丰富自己的知识信念系统。

3. 思维品质

语言与思维的关系十分密切。学习和使用语言要借助思维，同时，学习和使用语言又能够进一步促进思维的发展。学习和使用母语以外的语言，可以丰富思维方式，进一步促进思维能力的发展。英语教育界人士广泛认为，英语课堂教学中的很多活动能够促进学习者思维能力的发展。程晓堂尝试性地结合英语语言的特点和英语学习过程的特点，探讨了有可能通过英语学习促进发展的十种思维能力。

作为核心素养的思维品质，既不同于一般意义的思维能力，也不同于语言能力核心素养中的理解能力和表达能力，而是与英语学习紧密相关的一些思维品质。例如，理解英语概念性词语的内涵和外延；把英语概念性词语与周围世界联系起来；根据所给信息提炼事物共同特征，借助英语形成新的概念，加深对世界的认识；根据所学概念性英语词语和表达句式，学会从不同角度思考和解决问题。

需要特别注意的是，用英语进行理解和表达的过程不仅有利于学生培养通用思维能力（如识别、理解、推断），而且有利于学生逐步形成英语使用者（不一定是英语本族语者）独有或擅长的思维方式和思维能力。

4. 学习能力

21 世纪的公民必须具有终身学习的意识和自主学习的能力。对于中国学生来说，发展英语学习能力尤其重要。由于各种因素的限制，对中国的中小学生来说，学好英语并非易事。因此，掌握英语学习的要领，养成良好的学习习惯，形成有效的英语学习策略，显得尤其重要。需要注意的是，作为核心素养的学习能力，并不局限于学习方法和策略，也包括对英语和英语学习的一些认识和态度。例如，对英语学习有正确的认识和持续的兴趣，有积极主动的学习态度和成就动机，能够确立明确的学习目标，有主动参与语言实践的意识和习惯。另外，除了使用学习方法和策略以外，还要能够监控方法和策略的使用情况，评估使用效果，并根据需要调整学习方法和策略。

用"学习能力"的概念取代以往几个版本《高中英语课程标准》中的"学习策略"，进一步突出了学会学习的重要性。学生不仅需要在学英语、用英语的过程中使用学习策略，而且要形成学习英语的能力，为自主学习和可持续学习创造有利条件。

## 四、英语学科核心素养研究的进展

在中国，英语是中小学生学习的主要外语语种之一。在世界上很多非英语本族语国家和地区，英语属于第二语言或外语，有时还是官方语言。在探讨在中国语境下发展学生英语学科核心素养之前，我们首先从更广的范围来介绍外语学科核心素养的理论研究与实践。这里暂且把"外语"作为一个笼统的概念来使用，泛指母语之外的各种语言。

与有关核心素养总体框架的研究相比，专门探讨学科核心素养的研究相对较少，关注的学科也较为单一，偏重数学和理科。以《课程·教材·教法》2015 年第 9 期专门设置的"核心素养研究"这一主题为例，该组文章都是关于数学学科的，还有一篇是关于物理学科的。经济合作与发展组织（简称"经合组织"）、欧盟、澳大利亚等多个国际组织、国家和地区的核心素养模型中都包含使用语言和符号进行交流的能力。这种能力的培养还有赖于母语和外语学科。在全球化不断推进的背景下，未来社会所需要的人才可能会面临更多的国际化和跨文化交流，需要跨文化交际能力、全球意识、国际理解、信息技术素养等与外语有密切联系的素养，而这类素养的培养与外语息息相关，故研究外语学科核心素养具有重要意义。但目前国内学界对外语学科素养的探讨尚显不足。

教育部组织专家研制的中国学生核心素养指标体系也包括外语素养，并将外语素养定义为"能够根据自己的愿望和需求，通过口头或书面等语言形式，运用其他语言实现理解、表达和交流"。该定义中的"其他语言"就是指母语以外的语言。这一定义突出了经合组织框架中"人与工具"的维度，但是外语和外语学习不仅限于工具性，外语素养也不能等同于外语学科核心素养。在研制核心素养指标体系的过程中，不仅要研究外语素养，更要研究外语学科能够承担哪些核心素养的培养问题。而且，英语是一种国际通用的语言，也是我国最大的外语语种，英语学科素养是研究外语学科素养的重要组成部分。

国外核心素养研究的文献有不少涉及外语学科核心素养的讨论。辛涛、姜宇、刘霞对经合组织、欧盟、美国、芬兰等多个国际组织和国家的核心素养进行了总结，其中大部分都提到了外语素养。欧盟的框架中八大核心素养之一就是使用外语交流，定义为"在适当范围的社会文化情境中理解、表达与解释的能力，跨文化理解、交流与协调能力"，涵盖知识、技能、态度三个层面。其中的知识包括外语词汇、语法及语言表达形式和社会习俗与文化方面的知识；技能包括口语会话、阅读、理解文本、使用词典等辅助工具及自学外语；态度包括欣赏文化多样性、对语言和跨文化交流的兴趣和好奇心。但欧盟框架中其他核心素养也可以由外语学科承担一部分培养责任，尤其是英语学科。如学会学习的目标可以通过学习英语培养学习策略、学习习惯来实现；社会与公民素养中的"在不同社会文化环境中进行建设性的交流，包容和理解不同文化和观点"也与英语相关；主动意识与创业精神可能正是以英语为母语的美国的文化精神之一，也渗透在英语思维当中。澳大利亚的核心素养框架中，英语课程要承担跨文化理解素养的主要培养责任，要求学生使用跨文化理解和创造一系列的文本，即呈现多元的文化视角和对各种文化背景的人与物的认同。实际上，英语课程与澳大利亚核心素养框架中的读写、计算、信息和通信技术、批判性和创造性思维、道德行为、个人和社会能力、跨文化理解这七大通用能力都有连接点。这些对于厘清学生核心素养和英语学科核心素养的关系、研究英语学科应培养学生的哪些核心素养都有参考价值。

核心素养强调人的思维，许多学者也关注了英语、英语学习和思维的关系，指出英语学习对学生的认知能力有积极作用，英语能够引导学生用另一种认知的方法思维。在中国外语教育高层论坛上，吴一安教授也强调了"语言和思维有'血脉般'的联系，语言和思维、文化不可分割，是高层次思维的介质，在思维和文化品格上具有育人功能"。这说明了英语学科具有培养通用的思维能力的价值。还有研究提到，在描述学科核心素养时应注重寻找学科思维，并提到中国期刊网上"冠之以数学思维、物理思维、化学思维、地理思维、历史思维、语文思维"的文献正日益增多。这也是一个进一步探索的思路，"学科素养以核心素养达成为基础，同时兼顾学科特点，发挥学科特长，才能体现学科特色价值"，研究英语学科核心素养时，也应兼顾英语思维体现的学科特色和英语学习对通用能力的培养。

**五、关于核心素养的理论与实践研究现状**

虽然国内从政策层面上提出核心素养的概念是近期的事情，但国内教育界对核心素养的概念并不完全陌生。世界上很多国家和国际组织已经提出了适用于本国或相关地区（组织）的核心素养框架，并制定了相应的教育政策。我国已有不少学者介绍了这些方面的情况，也探讨了对中国教育改革的启示。

### （一）关于核心素养内涵的研究

描述和界定学生核心素养是世界教育改革浪潮中反复摸索与实践的产物。虽然现有文献对核心素养的内涵的阐述各有不同，但是这一概念所体现的以人为本的教育思想和回归教育"育人"本质的思想是被广泛认同的。核心素养的问题实际上是培养什么样的人的问题。基于核心素养的教育，既包括传统的知识与能力的学习，更强调学生的全面发展和终身学习，特别关注人与社会的统一和协调发展。这一思想与经合组织的核心素养模型中的人与工具、人与自己、人与社会三个维度也大致相符。

在阐述或定义核心素养时，许多研究者参考了国外已有的较成熟的概念体系，并探讨了这些体系对我国学生核心素养模型构建的启示，如裴新宁、刘新阳和张娜分别梳理了欧盟和经合组织的核心素养模型的发展历程和关键概念，并为我国核心素养的研究提出了建议。这些建议主要集中在研究过程和对核心素养的遴选与界定。例如，研究过程中应当综合各个学科领域专家意见，综合考虑利益相关者的意见，应得到大规模调查数据的支撑和政策支持；描述和界定核心素养应注意结合我国的文化背景和教育情境，选取那些可教可学的、具有普遍性和关键性的素养。虽然这些启示和建议仍有待落实，但为研究者借鉴国外经验提供了思路。

值得注意的是，一些研究者结合我国的教育文化背景，对研制学生核心素养指标体系提出了有建设性的建议。例如，柳夕浪认为，应借鉴核心素养的研究成果来丰富和完善我国的素质教育；辛涛、姜宇提出，应围绕社会主义核心价值观构建我国学生核心素养模型。辛涛、姜宇、刘霞从建立教育质量标准的需求、我国的教育目标、国外对核心素养的遴选原则等几方面解读了核心素养。他们指出，"核心素养"的含义比"能力"的意义更加宽泛，既包括传统的教育领域的知识和能力，还包括学生的情感、态度、价值观。学生核心素养是从人的全面发展角度出发，体现了促进人的全面发展、适应社会需要这一要求。核心素养的获得是为了使学生能够发展成为更为健全的个体，并为终身学习、终身发展打下良好的基础。

## （二）关于核心素养培养途径和措施的研究

由于我国的核心素养研究刚刚起步，许多研究者都在关注其他国家和地区较为成熟的经验，探讨值得借鉴的培养核心素养的途径和措施。最受关注的三项措施是基于核心素养的课程体系设计、评价体系设计和教学方法创新。其中，课程体系、评价体系与核心素养有不同程度的结合或互动；教学方法是落实核心素养培养的主要手段之一，需要核心素养模型的指导。

### 1. 核心素养与课程体系

核心素养是对教育目标的诠释，与课程体系的结合是一种国际趋势，甚至有人说"核心素养是课程设计的 DNA"。要想通过课程设计将核心素养落实到教育过程中，一个关键问题是厘清课程设计与核心素养的关系。辛涛、姜宇、王烨晖归纳了核心素养与课程体系互动的三种模式：第一种是核心素养独立于课程体系之外并相互融合，以美国、澳大利亚为代表；第二种是在课程体系中设置学生核心素养，两者紧密结合，以芬兰为代表；第三种是通过课程设置体现学生核心素养，而并没有单独规定核心素养的一部分，以日本和韩国为代表。

在探讨核心素养与课程体系的关系时，许多研究者提到了核心素养与各学科领域的关系（其中关于外语学科核心素养的内容将在下文详述）。邵朝友、周文叶、崔允漷将两者的关系分为以新西兰为代表的"一对总"和以我国台湾地区为代表的"一对分"两类，即每个学科承担所有核心素养的培养、每个学科有针对性地承担部分核心素养的培养。成尚荣主张采取"一对分"的处理方式来研制学科核心素养指标体系。曹培英以数学学科为例，探讨了数学思想——在欧盟、英国、法国等组织和国家的核心素养模型中都包含数学素养——如何融入数学课程，体现育人价值。这也可视为"一对分"的类型。一些研究者还提出了"大概念""大观念""课程整合""学科整合"这些相关概念。例如，柳夕浪提出应关注"大概念"，并借鉴美国《K-12年级科学教育的框架》中"更少、更高、更清晰"的教育标准，分析了生物课程标准对概念体系的精简和对重要概念的提炼。

2. 核心素养与评价体系

核心素养不仅与课程体系紧密结合，也是衡量教育质量的重要依据。许多研究者借鉴了经合组织围绕核心素养实施的国际学生学业评价项目，认为应重视核心素养对教育质量评价的指导作用，促进考试与教育评价的改革，或通过评价改革推进学生核心素养培育。评价方面的工作仍在探索之中，欧盟在这方面也仍较为薄弱。除了传统评价观、评价手段的影响以外，态度和技能的评价难度也给研究者带来了挑战。不过，国际上已有的研究成果还是能够提供一些思路的，如英国苏格兰地区的 Assessment is For Learning（AiFL）计划提出的"对学习的评价""为学习的评价""作为学习的评价"三个维度和苏格兰核心素养课程体系中描述的五级水平评价标准。一些研究者也提出了自己的观点：杨向东特别论述了评价的真实性，指出基于核心素养的评价和真实性评价具有高度一致性；柳夕浪也强调了基于真实表现的评价的关键性，并认为应将评价话语权归还到师生手中。

3. 核心素养与教学方法

上文提到，不少学者认为核心素养应具有"可教性"，这反映了教学在培养学生核心素养中的重要作用。因此，核心素养"如何教"的问题也受到了学界关注。成尚荣指出，只有将上位的核心素养与学科核心素养结合在一起，并真正贯穿在整个教学过程的时候，核心素养才能落到实处，才能走进学生的素养结构，成为学生的素养。为使核心素养落实到学生，一些研究者更加青睐以学生为主体的教学方法。柳夕浪认为，教学中那些保留现实生活本来具有的丰富性的情境设计才能真正培养出学生的实际能力与品格。柳夕浪、张珊珊进一步提出，由于素养是在人与情境的互动中生成的，故情境设计是培养核心素养的必然选择，他们提倡体验学习，并将"以素养发展为导向的教学"称为"素养教学"。张蕾、沈新荣则分别以语文、地理学科为例，提出可以采用探究式教学、项目学习教学模式培养学生的核心素养。这些教学方法也意味着对教师素质的要求提高，故也有研究者提到应重视对教师的培养，但对应如何培养却并未具体阐述。

以上三项主要措施，无论是借鉴国际上的研究成果与经验，还是研究者经分析提出的建议，都为核心素养模型的构建与落实提供了思路和方向。但是再好的思路也需要付诸实践，并且要紧密结合我国的教育文化背景。

## 第二节　英语学科能力表现的研究基础

### 一、学科能力

能力是当代教育中的热词，各国教育标准无不以能力导向为核心。具体落实到一门学科，教育标准大多以培养学科能力为主方向。因此，要研究英语学科能力表现，首先要理解什么是学科能力。要理解学科能力，必须先理解教育领域的能力内涵，探讨能力内涵是探讨学科能力的前提。本部分将先从能力内涵谈起，进而明晰学科能力的内涵。

#### （一）能力及其相关用语辨析

在中文词汇中，能力、才能、本领、技能是同义词。英文中亦有类似现象，表示能力的相关词语有 competence、capability、skill、ability。为明确能力的内涵，极有必要先了解上述词语的内涵。

competence 的拉丁字根包含认知与态度，其内涵泛指表现出来的、能够有效解决问题的能力。在应用上，可用于比较抽象的基本能力或核心能力。在学科领域，由于各国或地区相关用词差异较大，本研究统一用学科能力来命名。

capability 一词的内涵指处理某件具体事情的本领。在抽象程度上，capability 比 competence 具体，但有时因文化传统或国情有别，难免出现特例，如澳大利亚国家教育标准中的 general capabilities 就比较抽象，指向于来自不同学习领域习得的统整性学习结果。

skill 是指从操作性动作中显示出的技巧或技术，可翻译为技能，它与知识、情意构成了能力。在中文语境下，技能即程序性知识，包括动作技能与思维操作技能。

ability 是指个体内在拥有的、但还未经实践证明的实力，对应中文含义为才能。在古德（C. V. Good）撰写的教育字典中，它是个体可能胜任被赋予的任务，属于个人具有的内在潜质，但不等同于有效处理事务的行为表现。

由上述与能力相关用语语义的分析可知，能力相关用语在概念上具有层次性的差异，必须加以区别，以免造成混淆。以层次而言，competence 可用于指示国家教育政策或学科中的基本能力，属于比较抽象的能力概念。capability 可用于指示处理某项特定、具体事务的能力。skill 一词是指能力表现中一种构成要件，至于 ability 则是指个体内在的潜质，是个体可以有效解决问题或完成任务的内在条件。

### （二）教育领域能力的概念

#### 1. 能力概念的变迁

能力概念随时代变迁，在其发展早期具有强烈的行为主义色彩。至 20 世纪 80 年代，行为主义的能力概念逐渐被认知主义的能力概念全面取代。在认知主义视角下，能力被认为是个体在情境中对自身知识、技能、态度等的运用。此时，情境对于能力的作用开始受到关注。20 世纪 80 年代后期，随着社会职业竞争的加剧，能力开始被认为需要顺应职场情景的变化，能力不仅仅被认为是知识本身，更是一种做事的表现。

能力概念的变迁可通过三种能力定义取向得以验证。这三种能力定义取向分别是三知取向、认知取向、综合取向。三知取向是最普遍的定义取向，主要包括三类要素，即知识（知道什么）、技能（知道如何）、行为与态度（知道为什么），这三类要素是个体有效行动的潜在特质。认知取向则强调个体解决问题的主动性，看重个体的知识，包括陈述性知识、程序性知识、个体的情意特质。综合取向认为能力是外显的、持续发展的，是个体适当运用、组织资源的表征。近年来，综合取向越来越受到提倡，能力定义从内在特质逐渐走向外显特质，情境在能力中的地位日益重要。

上述三种取向表明，能力包含个体必要的知识、技能、情意因素，这是能力的必要构成。这种观点得到相关学者的支持，例如，钟启泉教授从学力的角度来剖析能力，认为学是能力发展的核心部分或基础部分，包含了基础知识、基本技能，也包含了情感、态度、价值观等人格要素。能力取向的走向也表明，这些个体内在特质需要结合具体情境，通过解决问题才能表现为能力。这种走向得到冯忠良教授的回应。他认为，能力是种类化经验，可以迁移至其他情境，能力在原则上属于经验范畴，体现在解决问题之中。两位学者都进一步指出，能力应是学校教育的结果，要澄清能力，必须避免把能力与生理因素、先天因素相混同。

#### 2. 能力概念的观点

尽管能力概念非常复杂，但教育学者仍然努力加以阐释。在众多观点中，能力的层级观与要素观甚为经典。能力层级观中，乔纳尔特的层级框架最为典范。乔纳尔特认为，能力是指一个主体为了有效处理情境问题，通过行动来选择和协调一系列资源。为了让我们更清晰地了解学生能力概念，他提供了如下能力层级概念结构，如图 1-2 所示。

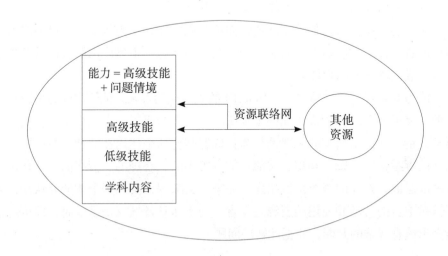

**图 1-2　能力层级概念结构**

能力层级概念结构定位于实际能力，包括学科内容、低级技能、高级技能、能力，情境在四层级中参与的程度从无到有变化，真实性逐渐加强。

第一层的学科内容是客观而独立的学习材料内容，与情境无关，如科学领域的速度、加速度。这些学科内容一般与行为动词结合，进而构成了第二层要素技能的描述方式，如背诵或理解加速度的定义、安装电灯等。技能大多表现为外在相对简单的操作，指向特定的某种行为，这还不能迁移到其他情境。

第二层的低级技能与第三层的高级技能定位于实际能力中的认知资源层次，指个体执行某个动作时需要相关认知条件的支持。如学生正确背诵九九乘法表是一种技能。技能属于特定学科的能力，高级技能内化了低级技能，可用来解决一类问题或完成一类任务。如利用乘法计算已知长与宽的图形的面积、已知每小组平均人数与组数求总人数。可见，高级技能解决一类问题或完成一类任务，是以低级技能为基础，具有稳定的认知结构，且可进行迁移的。但由于它没有经过实践检验，因此它是否能解决具体情境中的问题或完成具体情境中的任务，还有待证明。

第四层的能力包含情境要素，是在情境中实践的真实能力。它与高级技能的区别在于，高级技能是尚未实践、且通用于不同非真实情境，而能力是在不同情境下运用一种或多种高级技能。不同情境下运用高级技能意味着，个体要充分调动各种资源（包括不同情境下外在资源和个体自身内在资源），将外在资源与内在资源建立成一个资源网来处理具体情境中的问题。而建立资源网需要依据每个情境的特性，如条件限制、可用资源等。

对于能力层级观，如果用陈述性知识与程序性知识来衡量，学科内容大致对应前者，技能对应后者，而能力则是在具体情境中主体应用两者以及外界资源来完成情境任务的胜任力。

能力要素观则以博特夫（L. Boterf）的观点最为经典。他认为能力由行动、资源、反思三个层面构成，如图1-3所示，三者构成了一个三维空间。其中，行动是指个体面对情境时采取的行为；资源则包括个体内在的和外在的资源，内在的资源指向认知（知识、技能、情意等）的、心理的、情绪的、文化的、价值的层面，外在的资源指数据库、专家、文献等；反思是个体的元认知，亦即其对本身的行动和使用的资源之反省。当个体具备这三个维度时，即可对情境做出最有智慧的判断，并据此解决问题。

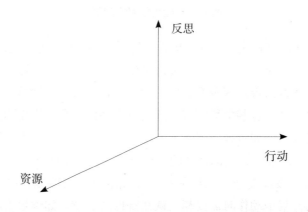

**图1-3 能力要素观的三个维度**

能力要素观与能力层级观的主要差异在于两者切入的角度不同，前者是横向角度，后者则为纵向角度。但从共性角度看，两者有更多的交叉。这主要表现在三个方面。其一，两者都强调情境之重要，皆认为个体能力展现在具体情境中；其二，两者都强调内外资源之运用，能力层级观就明确指出个体能力体现在对具体情境问题的判断、运用解决问题所需要的内外资源上，而如果把能力要素观的反思作为内在资源来对待的话，其能力所运用的资源可统一用内外资源来描述；其三，两者都强调个体的行动，皆认为能力内在包含着行动，或者说表现是能力的一个维度。

3. 能力概念的基本共识

从上文看出，能力是个复杂、动态发展的概念，涉及认知领域、动作领域、情感领域。不同视角也就意味着不同定义，要给能力下一个完整的定义是非常困难的。如果包含所有观点，虽然能很好地整合各种观点，但几乎不会被证伪。按波佩尔（K. Popper）的说法，不能被证伪的理论是不能成为理论的。确实，能力并无统一定义，但人们对能力的基本内涵还是达成如下基本共识：

能力内在包括知识、技能、情意等因素。能力包含必要的知识、技能、情意，它们是解决问题的个体内在资源。学生除获取知识与技能外，还须培养自主、自发、自我导向，以及自我学习与行动、责任与态度、动机与价值观。

能力概念强调表现，体现在特定情境中个体解决问题的行动。解决实际问题或完成任务是能力的外在表现，这些个体行动乃发生于情境之中。换言之，能力是个体在具体情境下，通过综合利用自身内在资源与外在资源解决具体问题来体现的。

能力是个体后续发展的基础，服务于社会发展与个体幸福生活。研制能力导向教育标准的一个重要目的，是培养富有竞争力的公民，并促使个体走向成功生活。之所以能达成如此目的，是因为能力为个体进一步发展创造了可能性。

## （三）学科能力：错解与正名

自教育专业化以来，学科一直是当前课程设置的主要构成，培养学生的学科能力是学科教学的重要任务。那么何为学科能力？作为能力的下位概念，学科能力就默认包含了能力的性质，无非更强调学科立场，强调学科具体的知识结构与要求。

1. 被错解的学科能力

学科能力自然立足学科，但这并不是说以学科为中心。要理解学科能力，特别需要走出当前的许多认识误区：

第一，学科能力强调"学科中心论"。学科是当今教育系统设计的主要构成形式，但这并不意味学科就是中心。在一般生活层面，学生面对与解决的问题往往是复杂的，需要多门学科能力的配合。在综合化要求更高的领域，特别是一些跨学科领域，更需要多门学科能力的支持。

第二，学科能力可以脱离学科知识、技能。学科知识、技能构成学科能力基础，良好的学科知识结构有助于技能的应用，更有助于在行动时，综合应用学科知识与技能。从记忆角度来看，正是这些基本知识、技能的储存与结构优化，才能启动思维、认识学科问题。随着经验的积累，学科知识、技能的不断丰富，思维与认识活动才得以深入，解决问题的能力不断得以加强。那种无招胜有招的说法，只是武侠小说的杜撰。

第三，学科能力可简化为"学科知识＋一般策略性知识"。有种观点认为，只要拥有了学科知识，再加上一般策略性知识，学科能力就算被习得。正如上文所展示的，这种观点误解了一般策略性知识与特定领域的策略性知识的区别。作为特定领域的策略性知识，学科技能与学科知识密切联系，脱离学科技能，一般策略性知识是很难获得的。

第四，学科能力就是简单相加，即"学科知识＋学科技能＋情意"。这是"分解主义"的体现，忽略了学科能力的整体性。诚然，从研究角度与表达需要角度看，人们喜欢分解研究对象或事物，但正如西谚所云："离开上帝的手，还是上帝的手吗？"学科能力各个要素是交织在一起的，严格意义上说，哪怕学生完成一项简单的任务，如背诵一段话，除运用陈述性知识外，难道就没有情意态度参与吗？无非此时更多地运用了陈述性知识。

2. 为学科能力正名

学科能力立足于学科，是学科教学的目标。笔者认为：

第一，学科能力是学生能力的构成。学校的任务是培养学生能力，但学生能力是个"大观念（big ideas）"，需要通过各门学科教学来加以培养。没有学科能力，就很难谈得上学校教育能培养学生的能力。如果把学生能力作为泛化的一般程序性知识，那么学科能力大致可对应特定领域的程序性知识。有研究表明，人是否已经具备特定领域的相应知识，对能否成功地使用一般问题解决策略和一般推理规则起关键作用。即便把学生能力分解，单独罗列出陈述性知识，要获得这些知识，需要学习各门学科陈述性知识。当然，学生能力高通常能更好地促进学科能力的养成。例如，学生具备一般阅读能力将有助于学生学习其他学科。

第二，学科能力是一种有机结构。学科能力并不神秘，如果分析其构成，总离不开学科知识与技能、情意等因素，以及它们之间的关系。当然，这样的分析是静态的。如果从动态角度来看，随着学习的发生，学生将不断改进学科知识结构，不断提高解决学科问题的能力。或者说，随着时间和学习的延续，学科能力具有不同发展水平。在某种程度上，这种动态性学习发展规律是学科能力的精髓。

第三，学科能力是可教可学的。学科能力具有结构，意味着教学具有指向性，在教学中能得到具体落实。在各学科教学实践中，已形成的学科能力有助于学生对各学科的学习，并为顺利地进行学科学习提供符合知识运用和操作技能要求的程序、步骤、环节、策略和方法。简言之，学科能力可通过有效教学而被学生习得。

第四，学科能力被习得后表现出稳定特征。学科能力既要解决知与不知的问题，又要面对会与不会的问题。一旦拥有学科能力，学生就能表现出在不同情境下解决问题的行动能力，即发生了学习迁移。毋庸置疑的是，在一定时间内如果个体能在不同情境下解决问题，就表明其学科能力是稳定的。

第五，学科能力是学科目标的指向。学科目标从关注知识、技能转向关注学科能力后，学科能力成为学科目标的重心。以数学学科为例，中国台湾地区年课程统整计划中提出高中数学学科目标为"培育具备独立以数学思维方式思考问题、分析问题和解决问题的能力"，进而确定出六项数学能力指标，其中三项为"具备演算、抽象化、推理、联结、解题、沟通等数学能力""运用数学符号进行逻辑思考与分析""利用数学运算解决问题"。与中国台湾地区不同的是，其他一些国家的数学学科能力概括性比较强，如新加坡中小学数学教学大纲提出思考技能、数学推理、交流与联系等过程性技能；美国《共同核心州立标准》则将数学课程目标分为八大方面，即理解并解决问题、推理、论证并评价他人的推理、数学建模、使用合适的工具、精确化、探求并利用数学结构、探求规律。上述数学课程目标显示了课程标准编制者的一个基本思考：学生学习数学课程后，能获得哪些重要而关键的能力。这些学科能力凸显每门学科的特点，概括了学科的本质特征。

第六，学科能力整合了传统上比较注重的一些能力。还是以数学学科为例，传统上比较注重记忆力、数学直觉、创造力、反思能力等，它们虽然较少出现在数学课程标准中，但由于能力本身是整合的，这些能力已经部分或全部隐藏在学科能力之中。实际上，这些传统能力是学科能力的重要构成。

第七，学科能力之间是相互依赖的。学科能力之间并非独立的，在解决具体问题时需要综合运用各种学科能力。如美国国家研究理事会（National Research Council，NRC）提出五大数学学科能力：概念性理解（conceptual understanding）、策略性能力（strategic competence）、适应性推理（adaptive reasoning）、过程性流畅（procedural fluency）、创造性处理（creative disposition）。上述五种数学学科能力呈现如下相互交织状态，如图1-4所示。

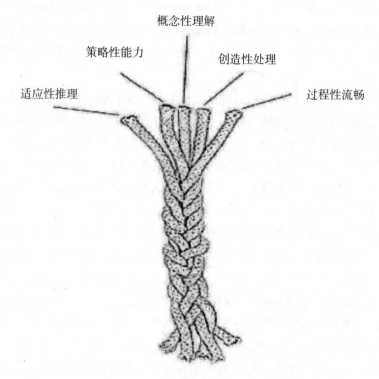

图1-4 五种数学学科能力的关系

## （四）确定学科能力的逻辑起点

传统意义上，确定学科能力要立足学科立场。最常用的方式是直接从学科特点出发，通过组织学科专家研讨、学科研究、经验验证得出结论。如NAEP在制定科学能力时，就基于现有的科学内容标准，结合国际科学研究最新发展成果，制定出识别科学原理（identifying science principles）、运用科学原理（using science principles）、应用科学探究（using scientific inquiry）、使用技术设计（using technological design）四项科学学科能力。

但在能力导向的背景中，尤其是从教育整体培养目标角度看，要培养学生，学科之间需要协调，学科之间需要统整。也就是说，学校教育首先需要从培养一个完整的人的角度出发，它是确定学科能力的一个重要来源，这实际涉及更为根本的教育目的或教育目标。这些教育目的或教育目标的达成需要各门学科能力共同承担，而各学科能力之间又是相互联系的。具体到实务操作，需要把相对广泛的教育目的或教育目标转化为更具体的内容，否则学科能力就失去明确的指向，学科教育的育人功能不能得到充分体现。

## 二、英语学科能力表现的核心概念及理论基础

在信息化教学的教育背景下，对英语专业人才的要求越来越多元化，新时期的学生要具有国际化的视野，有深厚的英语文化底蕴、开拓创新的精神以及高尚的人格。因而，需要在夯实英语基础的前提下，激发学生对英语的学习兴趣，提高学生的英语学科素养，提升学生的英语口语交际、在生活中的应用及钻研西方文化等综合能力。

基于教育心理学的视角，"英语学科能力"是学生顺利进行英语学科的认知活动和问题解决活动所必需的稳定的心理特性。这种心理特性本身不可观察，需要通过一定的形式表现出来。"英语学科能力表现"正是使学生学科能力外显化的一系列指标的集合，其内涵是学生面对特定的问题情境，运用英语学科的核心知识和活动经验，顺利完成相应的学科能力活动时的行为表征。

学生发展学科能力（在语言学科中，即学习者学习语言）的核心过程是其认知过程，学生在学习中经历的认知活动具有个体思维的个性特征，即思维品质。在认知理论中，布卢姆教育目标分类学为我们从认知的角度理解不同层次的教育目标、学习者的思维活动及学业行为提供了重要参照。根据安德森等对教育目标分类学的修正，学习者的认知过程依据其涉及的思维层次或认知行为的复杂程度，由低至高划分为记忆（remember）、理解（understand）、应用（apply）、分析（analyze）、评价（evaluate）与创造（create）六大类，上述类别及其亚类总计 19 个认知活动和对应的行为描述较为精细地拆解了人的认知过程。该分类体系不仅可用于构建学科间通用的、彰显学习者认知活动与思维品质的"分层性、次序性和系统性"的学科能力结构框架，对于结合学科内容筛选和细化活动类别，厘清学科学习者在认知层面应当具备的关键能力也具有借鉴意义。由此，基于认知理论的视角，"英语学科能力"是以学习者学习英语的认知过程为基础的、关涉不同层次认知活动和思维品质的一个系统理念。认知活动的行为表征是构成英语学科能力表现指标体系的核心维度；指标体系应凸显对学生思维品质的关注，这也同当前我国明确将"思维品质"纳入学科核心素养的导向相契合。

学界对"语言能力"的探讨由来已久，部分具有代表性的语言能力假说和模型有助于我们进一步厘清"英语学科能力"概念。例如，语言能力是一元

结构还是多元结构？拉多（Lado）和卡罗尔（Carroll）的"技能/成分说（the skills and components model）"认为，语言能力由听、说、读、写四项不同技能和若干语言知识要素组成，这也是诸多语言教师和测评者对语言能力的传统理解。该论述自 20 世纪 60 年代起在语言评价领域产生了深远影响。相反，奥勒（Oller）的"单一能力说（unitary trait hypothesis）"主张，语言能力本质上是不可分割的整体，人们在任何语言活动中都是使用同一种总体能力，而非各单项语言知识和技能的简单叠加。上述两种语言能力说各自存在一定的问题：前者未阐明语言能力中技能与知识的相互关系，后者则难以为相关实证研究提供可观察、可检测、可干预的能力着眼点。

除了语言知识与技能之外，语言能力还可能涉及哪些核心能力要素？乔姆斯基（Chomsky）基于语言学理论将语言能力（linguistic competence）聚焦于"言者/听者的语言知识"；海姆斯（Hymes）则从社会语言学的角度提出交际能力（communicative competence）的概念，强调语言既要合乎语法，又要在特定的文化氛围和情境中具备得体性和实践性；卡纳勒（Canale）和斯温（Swain）发展了交际能力说，归纳出语法能力、社会语用能力、策略能力和语篇能力等要素。而被誉为"语言测试领域里程碑"的巴克曼构建的"交际语言能力（communicative language ability）"模型则关注语言使用的情境，探讨了语言能力等要素在语言使用中与背景知识、个体特征以及情感图示的互动关系。该经典模型包含三个组成部分，即语言能力、策略能力和心理生理运作机制，其中语言能力包括语法能力、成段话语能力、言语施为能力和社会语言学能力；策略能力（strategy competence）包括估计、计划、执行三个阶段。听、说、读、写四项基本技能并非语言活动所独有。近些年，巴克曼等研究者结合语言测评实践，把语言能力界定为"促成语言使用者创建和解读语篇的本事（a capacity that enables language users to create and interpret discourse）"。

因此，"英语学科能力"即学习者在解决英语学科问题时所具备的一种稳定的整体能力，内嵌多项可供观察、检测与干预的关键能力要素；"英语学科能力表现"则是学习者运用各种知识和策略参与某特定情境话题下的语言理解和表达活动时的行为表征。

## 三、英语学科能力表现的能力结构及水平划分

对于英语学科能力的结构设置，国内外具有代表性的课程标准均提供了一些启示。以《美国共同核心州立标准》为例，英语语言艺术的标准主要聚焦于学生听说（发音、理解和阐述、表达认识和观点、流利性）、语言（语言知识、

符合规范的英语、词汇的获得与使用）、阅读（主要观点和例证、修辞和结构、知识和观点的融合、文章体裁和难度）和写作（文本类型和目的、产量和分布、建构和表征知识、写作内容范围）等能力。《美国高中、初中、小学学科能力表现标准》中的英语学科标准则关注学生在阅读，写作，说、听和观察，语言规则、语法和用法以及文学等五个领域中的能力表现。以阅读为例，该标准要求学生开展多种类型的阅读活动，包括涉猎式泛读、专题化精读、以增进专业知识为目的的信息研读，以及公文和实用文阅读，并在阅读量、文本类型、阅读任务和作业等方面针对不同学段的学生提出了细致的要求。我国的英语课程标准涵盖义务教育阶段和高中阶段，主要从语言技能、语言知识、情感态度、学习策略和文化意识等五方面解构了学生的综合语言运用能力；其中也提及了一些分项能力要素，例如用英语获取和处理信息、分析和解决问题的能力，用英语进行思维和表达的能力以及基本的跨文化交际能力。

不同的课程标准划分学生外语（或二语）等级的方式不同，主要包括基于年级或年龄组分级、基于语言技能领域分级和独立设计表现分级等。以年级或年龄组为基础的标准（如，美国 WIDA《英语发展标准》、TESOL PreK-12 ESL Standards 等）一般先按照学校教育的不同年级划分等级，再在各级别中根据语言领域分别设置具体表现层级。以 TESOL PreK-12 ESL Standards 为例，该标准先按年级分层，再在听、说、读、写四个领域内划分出"起始""形成""发展""拓宽"和"跨越"等五级表现。以语言技能领域为基础的标准一般先选定语言技能领域，再在各领域内划定表现等级，进而结合学生年级给出等级描述。例如美国《加利福尼亚州公立学校英语语言发展标准》先在听说、读、写三组技能领域内分别设定初级、初中级、中级、中高级和高级的能力表现，再将每一级别按照从学前到小学二年级、小学三年级到五年级、初一到初三、高一到高三分四个阶段进行描述。有些标准并不直接参照学校年级或语言技能划分能力水平，而是独立设计了学生能力表现的等级体系，例如加拿大以英语作为二语的学习者从学前到高三的英语学习标准、《欧洲语言共同参考框架》（简称 CEFR）和我国的英语课程标准等。其中，CEFR 提出的三等六级语言能力评估量表分层描述了语言能力的各个方面，并按学习者的水平和级别提出参考点。我国的基础教育阶段英语课程标准制定了九级目标体系和各级对应的能力指标描述语，要求从三年级开设英语课程的学校，学生应在四年级结束时达到一级目标，六年级达到二级目标，七至九年级分别达到三、四、五级目标；高中课程的目标分级与年级无直接对应关系，学生可以逐级申请七至九级的考试。

综上所述，无论是语言学科能力的结构要素，还是划分能力表现水平的方式，国内外课程标准文件及相关研究涌现了一些共通之处：听、说、读、写等语言技能在多个标准中被视为解构能力的重要维度；上述标准对学生能力表现层级差异的研究较为宏观，多围绕一定年龄段或跨越多个年级进行描述，少有针对某一特定年级学生的能力表现展开水平等级研究。

# 第三节　英语学科能力表现的指标体系

## 一、学科能力模型的确定

### （一）每门学科总有自己的学科能力与学科领域

学科能力总可由更小的能力构成的。对于一门学科，其学科能力总是高度概念化，包括的种类数量不会太多，一般为 3 ~ 6 种左右。从教学、评价角度看，这些能力还比较广泛，必须被分解为更具体的子能力或要素。如澳大利亚科学学科能力有三项，每项学科能力由许多子能力构成，下面列举第三项学科能力及其子能力：

评价与应用（evaluate and apply）：记录、呈现、评估、应用、解释数据、事实及结果时，使用经由证明过的评价标准，认识到科学声明和预测的效度与使用之局限；将科学知识进一步应用于个人生活与社会领域。

学科能力并非空中楼阁，它总是建立在学科领域上的，或者说学科能力总是以学科内容为依托的。如数学能力模型中学科内容由五项领域构成，在宏观层面编制教育标准时，这些学科领域与学科能力构成学科总体架构。在微观层面撰写教育标准具体条目时，则需要把这些学科领域细化或分解为具体学科主题或知识点，而不同学科主题或知识点渗透学科能力或其子能力。

需要强调的是，学科能力构成中，知识、技能、情意是不可分的。从严格意义上来讲，由于认知与情意是一体的，有时被用来推断认知因素的行为同时反映了情意因素，只是我们太关注认知，加上评价技术的不足，以至于"看到"的只是能力的一个侧面——认知。如果我们足够智慧或者拥有强大的技术，可通过行为推断情意因素。这具有存有论意涵——能力乃由知识、技能、情意所构成的不可分割之整体。实际上情意目标比上述分析乐观，如它们往往隐含在课程内容中，下面的新南威尔士的科学教育标准，直接描述出不同阶段学生科学价值观与态度方面的表现标准，如表 1-1 所示。

表 1-1　南威尔士州科学价值观与态度的表现标准（节选）

| 学生将在下述方面发展积极的价值观和态度 | 阶段 1-3 | 阶段 4-5 | 阶段 6- 高中 |
| --- | --- | --- | --- |
| 对他们自己 | 当开展调查、设计、制作及运用技术时，学生愿意并自信地做出决策；从调查、设计、制作及运用技术中获得成就感 | 愿意并自信地做出决策，并实施负责任的行动 | （略） |
| 对他人 | 在科学和技术任务以及其他挑战中，能与小组成员合作 | 尊重不同的科学观点，展示出诚实、公正、道德的品行 | （略） |
| 对终身学习 | 对科学、技术的思想与证据展示出好奇心与负责任的态度 | 意识到终身学习的重要性与关联性、科学对日常生活的持续影响 | （略） |

## （二）学科能力需要呈现不同水平

无论内在认知要求还是外在表现水平与描述，经验与事实告诉我们，学科能力是有高低的，不同的学生具有不同的能力水平。另一方面，学科能力同时又具有内隐与外显特征。这是因为，为成功适应外部生活情境、各种社会场域的复杂需求，能力主体能动者激发个体内部心智运作机制的认知、技能与情意等行动的先决条件，促进个体开展负责任的行动。

传统意义上，由于受心理学的影响，早期教育领域的能力基本被认为是个体内在特征。然而从评价与测量角度看，内隐特征是无法直接观察的，我们只能通过外在行为来推测。正是表现水平与描述，它们表征学生达到何种能力熟练水平，也是我们推断与判断学生认知目标、情意目标、动作技能目标的凭借对象。如果要分而求之，在认知领域，我们完全可以依据学生行为表现来推断学生认知。与认知领域不同的是，确定情意因素的一般做法可从评价量表来展开，但同样可由观察学生行为表现来推断。如果表现本身就是目标（如某种动作技能），那直接可从学生表现来判断是否达到要求。事实上，受劳动学影响，后期教育领域的能力开始从内隐走向外显，注重将个体内在认知与外在表现结合起来，强调个体潜能与情境中的行动。这其实也是前文的能力层级观与要素观对能力内涵的基本定位。因此，在这个意义上讲，需从内在与外在两个角度来描述学科能力。

要指出的是，表现水平描述往往就渗透着认知要求，但从课程编制角度看，认知要求有助于我们确定事先规划学科能力的内在要求，因此保留认知要求还是极具实用价值的。简要地说，学科能力的不同水平，可用内在认知要求与外在表现水平与描述来加以呈现。

### （三）学科能力需要体现于问题情境

要判断能力，必须用评价任务引出表现，评价任务为学生展现学科能力水平提供情境。可以说，正是这种情境，它是能力外化的"施展平台"，情境是培养能力和评估能力的必要条件，能力是在具体情境下解决问题的表现。

由于学科能力是学习者运用内外资源处理具体情境任务或问题的行动能力。能力的情境性特征使得它有别于知识、技能，因为后者往往是去情景化的。如果教育标准研制以能力为导向，那么情境势必在教育标准中有所体现。这可从经验得以证实——依据有关研究，人类的自觉活动是由一定的需要所激起，指向达到预定的目的而告终。活动本身总是通过主、客体相互作用，通过由主体发出一系列动作，作用于一定对象，从而使对象发生合乎目的的变化而实现的。即便对活动系统做静态分析，活动过程本身包括这样一些要素，即活动需要及目的、活动对象及条件、动作程序的计划、动作程序计划的执行、活动结果与预定目的对照。所有这些都是活动系统所必不可少的组成要素。简言之，能力总是指向于活动而表现出来的，而这种活动总是与具体情境关联的。

上述三点静态地描述了学科能力模型，如果从动态角度看，能力是发展的。这种发展态势就体现在不同能力维度在不同时间上的变化上，如不同年级具有不同表现水平与描述、同一年级也有不同表现水平与描述。考虑学生样本巨大，不同表现水平与描述将呈一定规律分布，而这些不同表现水平与描述将成为制定最终规范表现水平的参考依据。

综上所述，学科能力模型通过学科能力来体现学科目标，并用学科领域、认知要求、表现水平与描述、问题情境对学科能力加以描述。学科能力模型具体构成可由下图来说明，如图1-5所示，其中学科能力（复数）由若干项构成，它们可进一步分解；学科领域可分解为各学科主题，可以对应一种或多种学科能力；认知要求体现在教育标准描述中；表现水平与描述可由若干水平与相应描述构成，但落实到教育标准，可能呈现为一种或多种表现水平与表现水平描述语；问题情境可由学生表现样例来体现。

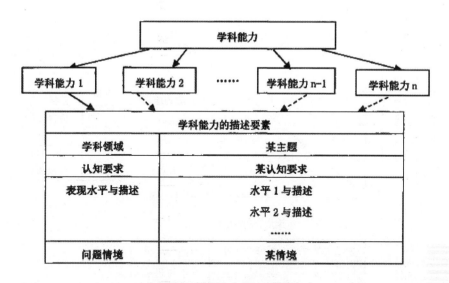

图 1-5 学科能力模型具体构成

## 二、英语学科能力表现的多维模型

那么如何构建一个可观察、可干预、可诊断的英语学科能力表现指标体系呢？

我们以学生解决学科问题或完成学科任务时的认知活动为主线，从学习理解、应用实践和迁移创新三个层面描述英语学科能力表现的关键能力要素；学科能力的形成和发展必须依托学科内容和学科活动，因此可以从核心内容和核心活动两个维度确定英语学科能力表现的核心主题领域。各维度交叉依存，共同构建起英语学科能力表现指标体系的多维模型，如图 1-6 所示。

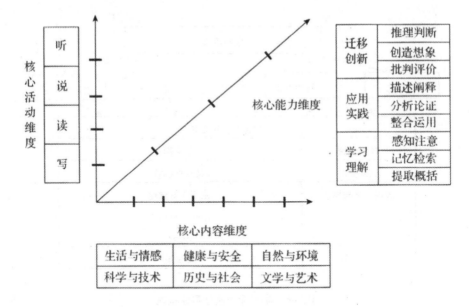

**图1-6 英语学科能力表现指标体系模型**

### 三、英语学科能力表现：核心能力维度

从学生认知的角度或其心智水平维度出发，中小学生英语学科能力由学习理解能力、应用实践能力和迁移创新能力三项核心能力要素组成。各要素内涵界定如下：

1. 学习理解能力，指（特定学段的）学习者体验和参与学习英语语言的能力，以及利用英语语言学习学科知识和获取信息的能力；

2. 应用实践能力，指（特定学段的）学习者实际应用英语语言的能力，英语使用者依靠并综合运用英语知识和技能展开交际、解决具有一定熟悉度的问题的能力；

3. 迁移创新能力，指（特定学段的）学习者在个体知识、思维、人格等因素的共同作用下，面对新的情境，整合已有知识和信息，探究解决语言交流中的陌生问题，以及在英语学习活动过程中创造新颖性成果的能力。

初期制定的英语学科能力要素框架包括三个一级能力要素（分别标记为A、B、C）和12个二级能力要素，如表1-2所示。

A能力下有四个二级能力要素（分别标记为A1、A2、A3、A4），分别是观察与注意、记忆与检索、提取信息和概括。

B能力下有五个二级能力要素（分别标记为B1、B2、B3、B4、B5），分别是解释意义、描述对象、分析因果、论证观点和整合信息。

C能力下有三个二级能力要素（分别标记为C1、C2、C3），分别是推理判断、预测想象、批判评价。

英语学科能力要素框架既需要理论建构，也需要实证验证，在动态的调试中不断完善框架本身。这一版框架是最初理论建构的结果，本研究实证部分的实验和数据讨论均依据该版本框架展开，是进一步优化、完善并形成最终框架的基础。

表1-2　英语学科能力要素框架

| 一级能力要素 | 二级能力要素 |
|---|---|
| A 学习理解能力 | A1 观察与注意 |
| | A2 记忆与检索 |
| | A3 提取信息 |
| | A4 概括 |
| B 应用实践能力 | B1 解释意义 |
| | B2 描述对象 |
| | B3 分析因果 |
| | B4 论证观点 |
| | B5 整合信息 |
| C 迁移创新能力 | C1 推理判断 |
| | C2 预测想象 |
| | C3 批判评价 |

经过几轮测试之后，特别是伴随学科能力课堂教学改进项目的不断深入，以测试数据为依据，以课堂教学观察为参考，将上述核心能力要素进一步优化整合，使每项一级能力要素各有三项二级能力要素，从而形成了3×3"英语学科能力要素内涵及其表现指标框架"。在实践中进行了几轮实验、调整和完善，使目前的指标更加清晰、准确地刻画学生的认知能力和行为表现。在3×3能

力要素框架中，学习理解能力包括感知注意、记忆检索和提取概括；应用实践能力包括描述阐释、分析判断和整合运用；迁移创新能力包括推理论证、创造想象和批判评价。经过修订的英语学科能力要素内涵及其表现指标框架如表1-3所示。

表1-3 英语学科能力要素内涵及其表现指标框架

| 能力要素 | | 内涵及其表现指标 |
|---|---|---|
| A<br>学习理解<br>能力 | A1<br>感知注意 | 能有目的、有计划地关注英语语言中的语音、词法、句法等知识和现象及其背后的本质 |
| | A2<br>记忆检索 | 能结合即时性情境，对存储在长时记忆中的英语语言知识进行关联和检索 |
| | A3<br>提取概括 | 能通过识别词语和句义，抓住用英语传播的信息，或在目标范围内找到所需的信息；能在观察英语语言现象的基础上，归纳概括信息或语言规律 |
| B<br>应用实践<br>能力 | B1<br>描述阐释 | 能用英语描写或叙述图表、程序或步骤、相关主题（如个人生活、工作）等；能用英语阐释词汇、语句和图表的含义和用意 |
| | B2<br>分析判断 | 能根据语言材料分析或用英语解释并判断语句之间、事件之间的因果关系；能综合分析不同信息，做出自己的判断，如，根据文章标题、图片等判断内容，根据已知信息推测人物关系、事件发展脉络、作者的情感态度等，并用英语表达 |
| | B3<br>整合运用 | 能根据语言材料所提供的语境、篇章结构、逻辑关系等特点用英语系统地组织、合并及编排信息；能从零散的信息中梳理信息间的关联，并能使用整合手段（如写作中的衔接手段、谋篇布局等）综合地运用语言 |
| C<br>迁移创新<br>能力 | C1<br>推理论证 | 能整合语言材料中的线索、逻辑、因果关系等信息，推导出未知信息；能基于事实和道理用英语来说明、阐述、论证论点，反映出英语学习者清晰的思考和用英语进行严密逻辑推理从而得出合乎事理规律的结论的能力 |
| | C2<br>创造想象 | 能基于已知信息发挥想象，衍生出丰富多样的创意，如创编对话、提出新的解决方案、为开放式故事续写结局等 |
| | C3<br>批判评价 | 能进行批判性思维，有理有据地展开论证和评判，提出令他人信服的个人见解。该能力涉及英语学习者的认知立场、情感态度、是非观念等，是多种心智、多种机理和多种能力的有机聚合，是综合素质的集中体现 |

### 四、英语学科能力表现：核心内容维度

英语学科核心内容维度以中小学阶段英语学习最常见的六大类话题为主线，包括"生活与情感""健康与安全""自然与环境""科学与技术""历史与社会""文学与艺术"。这六大类话题及其在不同学段的亚级和次亚级话题，串联了话题相关的问题情境、语言知识、人文修养和价值品格，形成英语学科能力表现指标体系的学科内容基础，从而实现了对学生能力表现更为精确的描述。以"生活与情感"为例，该话题下记忆检索能力的表现指标之一细化为"学生能根据提示（如核心话题 home），对存储在长时记忆的相关词汇知识进行激活、关联和检索，展开词族联想，呈现个人词汇网络"；批判评价能力的表现指标之一细化为"学生能针对相关热议话题（如自尊自强对青年人的意义、家庭教育的风格及其影响、身体健康与心理健康的均衡发展等）用英语明确且有理有据地发表个人看法，并展开阐述"。

### 五、英语学科能力表现：核心活动维度

英语学科核心活动维度囊括了听、说、读、写四项学科特定活动，对应英语学科能力表现指标体系中的学科活动经验。英语学科活动经验与核心能力维度的交叉融合使能力表现指标进一步凸显语言学科的特点。例如，学生的整合运用能力在读的活动中可以表现为"能整合相关段落内容，归纳篇章结构，如记叙文基于时序的结构、议论文基于论点和论据的结构等"；描述阐释能力在写的活动中可以表现为"能使用英语描写一幅漫画的内容，并阐述漫画所隐射的作者用意"。根据英语学科自身的特点，活动之间也能结合，学科活动经验的外延得以拓展。例如，在某个特定的读写结合类活动中，如果学生能做到基于主题，结合已有知识经验，运用英语分析并论证所读语篇的语言风格、遣词造句、篇章结构等如何体现特定文体的特点，以及如何服务于作者意图和态度，并有理有据地展开令人信服的论述，就说明他们具备了一定程度的批判评价能力。上述行为是学生学科活动经验外显化的表征，佐证了学生在相对新颖或陌生的问题解决活动中，英语学科活动经验维度上的能力表现达到了迁移创新的水平。

综上所述，在英语学科能力表现指标体系的多维模型中，核心能力维度划分了学生认知层面不同水平的能力表现；核心内容维度明确了学生发展学科能力所依托的话题领域和问题情境，以及相关的语言知识、文化知识和价值取向等；核心活动维度则厘清了学生发展学科能力的主要途径，即听、说、读、写

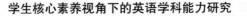 

等学科特定活动。通过三大维度的有机结合，该模型能够生成依托英语学科内容和学科活动的丰富的、系统的、具有认知梯度的学生能力表现观测点。例如，学生在面对"生活与情感"类英语语言材料和话题情境时，为完成相应阅读任务而经历的学习理解、应用实践、迁移创新等认知活动即学科能力表现的观测点。可见，该模型为刻画学生的英语学科能力表现、开发能力测评工具、解读测评结果以及实施指向学生学科能力发展的课堂教学改进等探索和实践提供了多维视角。

# 第二章 核心素养视角下的英语学科
# 能力表现的测评

## 第一节 学科能力表现指标体系的构建

### 一、研究学科能力表现的意义

#### （一）学科能力表现的内涵

学科能力表现是指中小学生在各门课程学习过程中表现出来的比较稳定的心理特征和行为特征，是可观察的和外显的学习质量和学习结果。学科能力表现是学生学科学习中学业成就或学习质量的重要组成部分。基于学生的知识学习和认知活动，学生的学科能力表现往往体现为由内隐的学科思维过程和外显的学科行为反应决定的学科素养。

学科能力表现可以分为学科一般能力和学科特殊能力两大部分。学科一般能力是指学生在各学科学习过程表现出来的普遍存在的基本学科能力，包括认知与理解能力、想象与思维能力、观察能力、问题解决与创造能力等在学科中的具体表现。林崇德教授认为，"所谓学科能力，通常有三个含义：一是学生掌握某学科的一般能力；二是学生在学习某学科时的智力活动及其有关的智力与能力的成分；三是学生学习某学科的学习能力、学习策略与学习方法""学科能力是学生的智力、能力与特定学科的有机结合，是学生的智力、能力在特定学科中的具体体现。它是衡量学生心理发展的一个重要的指标，是当前学科教育改革的一个中心问题，同时也是一个被研究者长期忽视的问题"。显然，他强调的是学科的一般能力，是智力、能力在学科中的具体表现。学科特殊能力是指学生在不同学科学习过程中表现出来的具体能力，学科特殊能力由于学科知识性质与学习过程的差异，在不同学科中的具体表现不同，如语文学科学习中的阅读与表达能力、文化理解与价值观反思能力；数学学科学习中的数学运算与空间想象能力；物理、化学、生物等学科学习中的观察与实验能力等。当然，学生的学科学习能力、学习方法与学习策略具有明显的学科差异，也属于学科能力的核心表现（key performance），特殊学科能力表现具有鲜明的学科特征。

三十多年来，我国把各门课程的学科能力表现统统归结为"分析问题、解决问题的能力"，并作为"双基"的重要一维来看待，显然缺乏对学科能力表现的深入剖析，没有"基本技能"的具体指标和要求，从而导致教学过程中"基础知识"的教学十分系统和扎实，但"基本技能"的培养难以系统地落实。实际上，"基本技能"并非学科能力表现的全部本质。新修订的义务教育课程标准由注重"双基"走向强调"四基"，即基础知识、基本技能、基本态度、基本经验，应该说是一种进步，但即使是新修订的各科课程标准，对各学科核心能力表现也尚未明确进行系统的设计。

### （二）研究学科能力表现的意义

中小学生学科能力表现及其标准的研究，一直是我国课程教学改革研究的薄弱问题。自21世纪以来，我国基础教育课程改革提出了"知识与技能、过程与方法、情感态度与价值观"三维课程目标，其中"过程与方法"集中指向的是学科能力表现。随着课程改革的深化，教学质量、学生的学习质量、学科能力表现研究日益引起重视。但各科课程标准关于学科能力表现及其标准疏于整体设计，课程实施中对教学缺乏明确清晰的学科能力表现的指标和标准的指导。研制中小学生学科能力表现标准，注重学科能力表现的培养，对深化课程改革具有重要意义。

全面提高教育质量，是我国基础教育在基本完成普及义务教育的社会背景下的必然选择。

《国家中长期教育改革和发展规划纲要（2010—2020年）》（以下简称《纲要》）强调"全面提高教育质量"是我国教育改革和发展的两大战略任务之一。《纲要》强调，全面实施素质教育，必须贯彻"坚持德育为先、坚持能力为重、坚持全面发展"的指导思想，培养广大中小学生的"学习能力、实践能力和创新能力"；必须减轻学生过重的课业负担，创新人才培养体系。教育质量的根本体现在学生的个体发展上，体现在学生综合素质的提升上，尤其是体现在学生课程学习的过程之中。学生的基本素质、课业学习质量又是教育质量的核心，因此，研究我国义务教育阶段学生学业质量标准体系，是落实《纲要》精神、树立科学的教育质量观、全面提高教育质量的根本要求。

长期以来，我国基础教育存在教育质量观、学业质量观比较模糊的局限，加之应试教育倾向的影响，人才培养方式与时代发展对教育的要求日益不相适应。改革开放以来，我国基础教育缺乏科学可行的学习质量标准、学生核心能力素质标准（如中小学生学习能力发展标准、实践能力发展标准、创新能力发展标准）等，学生发展评价过于偏重知识掌握的笔纸测验，学生的基本学习素养、学科能力发展、学科核心价值观的培养没有得到系统化的重视。中小学教师只能按照以"知识点"为线索的"教学大纲"，侧重以知识掌握水平来决定教学行为和教学质量的评价方式。持续十年的基础教育课程改革和课程标准的实验研究，为学习质量标准的研制奠定了坚实的基础。但我们认为，义务教育阶段各学科课程标准在学科核心能力表现标准、学科核心价值观发展标准等方面，还有待进一步明确。面临新的战略任务，基础教育课程改革进入了更深的层面，我们需要回答教育质量观、学业质量标准、学业质量评价等一系列重大问题。研究和建构包括课程标准在内的学业质量标准科学体系，一方面对建立科学的教育质量观，全面提高教育质量，具有重要的现实意义；另一方面有利于克服单一的知识教学的局限性，促进学习方式变革，发展学生的能力。

过于注重知识的接受性学习，学习方式单一；过重的知识学习课业负担，既有考试评价的原因，也有教材容量、难度和深度方面的原因，还有过度学习的原因，而学生学科能力表现标准的缺失，也是重要原因之一。"深挖洞，广积粮"式的教学，本质上反映的是中小学生学业质量标准体系不明确的问题。研制我国义务教育阶段学生学业质量标准体系，对促进教育评价改革、减轻课业负担，具有重要的现实意义。

人才培养体系的创新，不仅仅表现在课堂教学中学习方式的多样化，而且涉及教育价值观体系、教育质量观及其标准体系、课程教学体系、管理与评价体系等一系列问题。单一的知识线索式的标准，以及"唯分数论"的教学和评价，对引导人才培养体系的创新存在明显的不足。解析中小学生学科能力表现的内在结构，初步建构中小学生学科能力表现的指标体系，探讨中小学生学科能力表现的观察、测量与评价的策略以及学生学习质量监测的有效策略与技术，这对深化课程教学评价与教学质量管理，具有重要的指导意义。

## 二、英语学科能力指标体系的构建

如第一章所述，英语学科能力指标体系框架的研制经过了一个建构、测试、分析、调整和完善的过程，对二级能力要素进行了不断的精准定位和优化，形成了最终的 3×3 学科能力要素框架。对三个一级要素（学习理解、应用实践、迁移创新）和 12 个二级能力要素开展了测评研究。英语学科能力指标体系的早期建构与测试依据框架结构如图 2-1 所示。

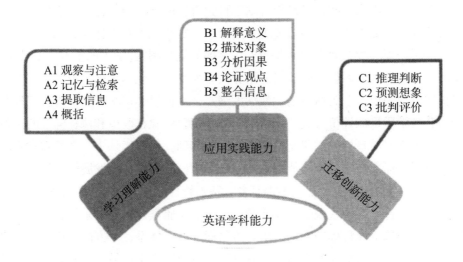

图 2-1　英语学科能力指标体系的早期建构与测试依据

### （一）学习理解能力的指标内涵

学习理解能力是指一个人对知识的理解的一种技艺能力。理解有三级水平，分别是低级水平、中级水平和高级水平。低级水平的理解是指知觉水平的理解，就是能辨认和识别对象，并且能为对象命名，知道它"是什么"；中级水平的理解是在知觉水平理解的基础上，对事物的本质与内在联系的揭露，主要表现为能够理解概念、原理和法则的内涵，知道它"怎么样"；高级水平的理解属于间接理解，是指在概念理解的基础上，进一步系统化和具体化，重新建立或者调整认知结构，达到知识的融会贯通，并使知识得到广泛的迁移，知道它"为什么"。

学科的学习理解能力，是指学生顺利进行知识和经验的输入和加工活动的能力。具体表现为能否完成记忆和回忆、辨识和提取、概括和关联、说明和论证等学习理解活动。对英语学科而言，英语学习理解能力指特定学段的学习者体验、参与学习英语语言的能力，包括通过观察进行学习，能注意到语言中的特点、规律和意义；同时，学生能够通过记忆开展学习，从而能够快速检索到已知信息，学生还能够利用英语语言学习其他学科知识。学习理解能力包括四个二级能力要素：观察与注意、记忆与检索、提取信息和概括。英语学习理解能力及其二级指标的内涵如表 2-1 所示。

表 2-1 英语学习理解能力及其二级指标内涵

| A. 英语学习理解能力 | （特定学段的）学习者体验、参与学习英语语言的能力，以及利用英语语言学习学科知识和获取信息的能力 |
| --- | --- |
| A1 观察与注意 | 能有目的、有计划地关注英语语言中的语音、词法、句法等知识和现象及其本质 |
| A2 记忆与检索 | 能结合即时性情景，对储存在长时记忆中的英语语言知识进行关联和检索 |
| A3 提取信息 | 能通过识别词语和句义，抓住用英语传播的信息，或在目标范围内找到所需的信息 |
| A4 概括 | 能在观察英语语言现象的基础上，总结出英语语言运用的一般规律；能够用英语归纳概括所需信息 |

## （二）应用实践能力的指标内涵

在心理学中，应用实践能力的研究集中于实践智力（practical intelligence）。台湾学者张春兴将实践智力解释为"实用智力"，即个体在适当时间与适当空间内，在行为上的适当能力表现。所谓适当能力表现，包括解决问题的能力和对付困境的能力等。实践智力一词与抽象智力（abstract intelligence）相对。纳塞尔（Neisser）是最先提出实践智力的人之一，他将实践智力与学业智力相对应，把实践智力看成一个人对课堂之外的问题的认知反应。迄今为止，美国心理学家斯滕伯格（Sternberg）对实践智力的研究最为深入，他认为实践智力是一种将理论转化为实践，将抽象思想转化为实际成果的能力，是个体在实践生活中获取潜隐知识和背景信息、定义问题及解决问题的一种能力，它可以较好地预测个体未来的工作表现。斯氏有时也将实践智力叫作 street smarts 或 common sense，在研究中，斯氏将社会能力分为两种智力：社会智力（social intelligence）和实践智力。社会智力强调社会参与、社会道德认知等与人相关的能力；而实践智力则强调工作决策的能力。换言之，在斯滕伯格看来，社会智力是处理（人际关系）的能力，实践智力则是（处事）的能力。因此，心理学界从特定的心理学科出发，将个体解决实际问题的心理特征定义为实践智力。

学科的应用实践能力，是指学生能够进行特定学科活动，以及应用学科核心知识经验分析和解决实际问题的能力。具体表现为学生能否利用所学核心知识分析和解释实际情境中的原理、进行预测与推论、选择并设计问题解决方案等应用实践活动。对于英语学科来说，英语应用实践能力指特定学段的学习者实际应用英语语言的能力，是英语使用者依靠并综合运用英语的知识和技能，在获取信息的基础上，描述所发生的事件及其过程，转述所观、所听、所读的内容，解释意义，分析内容的逻辑结构或关联，解释因果关系，并能根据所获得的信息，进行正确的判断和论证，展开交际。该能力包括五个二级能力要素：解释意义、描述对象、分析因果、论证观点、整合信息。应用实践能力及其二级指标内涵如表 2-2 所示。

表 2-2　应用实践能力及其二级指标内涵

| B. 英语应用实践能力 | （特定学段的）学习者实际应用英语语言的能力，英语使用者依靠并综合运用英语知识和技能展开交际的能力 |
|---|---|
| B1 解释意义 | 能用英语阐释词汇、语句的含义和用意 |
| B2 描述对象 | 能用英语描写或叙述图表、程序或步骤、相关主题（如个人生活、工作）等 |
| B3 分析因果 | 能根据语言材料分析或用英语解析语句之间、事件之间的因果关系 |
| B4 论证观点 | 能用英语从事实和道理两个方面证明、阐述论点。它反映出英语学习者清晰的思考和用英语进行严密的逻辑推理从而得出合乎事理规律的结论的能力 |
| B5 整合信息 | 能根据语言材料所提供的语境、篇章结构、逻辑关系等特点用英语系统化地组织、合并及编排信息 |

### 三、迁移创新能力的指标内涵

所谓知识迁移，可以理解为以前学习对以后学习的影响，也可以理解为已经掌握的知识对正在探索的知识的开启。在通过知识重现与知识迁移把课题归纳到已知的相关的知识系统中之后，再把知识具体化，也就是把已经掌握的知识应用到具体的特殊事物上去，课题任务就完成了。因而也可以把知识迁移通俗地解释为运用旧知识解决新问题。如果学生能将在某种情境下所获得的知识，运用到新的情境中去分析解决问题，这既是学生知识迁移能力获得发展的表现，又是学生创新能力得到提高的标志。知识创新，即通过旧的知识、新的组合，得出新的知识结果的过程。旧的知识需要重现，新的组合需要迁移，只要形成学生的知识迁移能力，那么学生创新能力的提高就不再是一句空话了。

学科的迁移创新能力，是指学生利用学科核心知识、学科特定活动的程序性知识和活动经验等，来解决陌生和高度不确定性问题以及发现新知识和新方法的能力。具体表现为能否进行复杂推理、系统探究、发散思维、想象、创意设计、批判思考、联系发现等基于学科知识经验的创造性活动。对于英语学科来说，英语迁移创新能力指特定学段的学习者在个体知识、思维、人格等因素的共同作用下，面对新的情境，通过想象、批判、评价等，整合已有知识和信息，探究解决问题的新思路和新方法，包括解决语言交流中的陌生问题，能在英语学习活动过程中创造新颖性的成果。迁移创新能力涵盖三个二级能力要素：推理判断、预测想象及批判评价。迁移创新能力及其二级指标内涵如表 2-3 所示。

表 2-3 迁移创新能力及其二级指标内涵

| C. 英语迁移创新能力 | （特定学段的）学习者在个体知识、思维、人格等因素的共同作用下，面对新的情境，整合已有知识和信息，探究解决语言交流中的陌生问题，以及在英语学习活动过程中创造新颖性成果的能力 |
|---|---|
| C1 推理判断 | 能整合语言材料中的线索、逻辑、因果关系等信息，推导出未知信息，如，根据上下文推测词义，根据文章标题推测主旨，根据已知信息合理推断人物关系、事件的后续发展、作者的情感态度等，并用英语表达 |
| C2 预测想象 | 能基于已知信息发挥想象，衍生丰富多样的创意，如创编对话、提出新的解决方案、为开放式故事续写结局等 |
| C3 批判评价 | 能进行批判性思维，有理有据地进行论证和批判，提出令他人信服的个人见解。这个能力涉及英语学习者的认知立场、情感态度、是非观念等，是多种心智、多种机理和多种能力的有机聚合，是综合素质的集中体现 |

## 第二节 英语学科能力测评工具的研发

近年来，学科能力和素养成为国际和国内基础教育领域共同关注的热点。《纲要》在战略目标和战略主题中明确提出"坚持能力为重，优化知识结构，丰富社会实践，强化能力培养，着力提高学生的学习能力、实践能力、创新能力"。教育部在《考试招生制度改革要求》中指出要"深化考试内容和形式改革，着重考查综合素质和能力"。国际上，TIMSS、PISA、NAEP 等大型学业成就测试，《美国共同课程标准》《下一代美国科学课程标准》等重要课程文件中对核心学科领域的能力表现也提出了系统的标准和要求。国内外的正规教育体系都是基于学科课程安排教学的。学科课程的目标、内容、水平要求的设定，教材内容的选取、组织及其呈现，课堂教学的内容和过程方法设计，学业水平考试评价设计等，都与我们对学生学科能力的内涵构成、表现水平、形成发展及其影响因素等的认识和研究程度密切相关。因此为了了解学生各学科的能力水平，我们需要研发出适当的测评工具。

## 一、学科能力表现的评价研究

### （一）学科能力表现测评工具的研发

本文先基于学科能力内涵构成、能力表现及其发展水平的系统模型，结合中学数学、语文、英语、物理、化学、生物、历史、政治和地理等不同学科的具体特点，建立各个具体学科领域的学科能力测评模型，选取具体学科内容主题，构建学科能力表现指标体系，开发各学科的学科能力表现测评工具。而后再针对英语学科，研究英语学科能力测试工具。

测评工具研发流程主要包括：综合核心知识、学科能力表现和认识方式规划命题双向细目表；依据双向细目表选择情景素材、命制试题、制定测评标准、编码试题；依据 6 人测试口语报告评估修订测评工具；报送专家团队进行逐题项的匿名审议，依据外审反馈意见深入修订测评工具；进行 300 人预测试，利用单维 Rasch 模型和多维 Rasch 模型来检验测试工具的信度、试题与模型匹配度（MNSQ 等），再次修订测评工具；经过多方审校，确定最终版本的测评工具；选取学生样本，进入测评。

各学科开发测评工具时，以学科核心主题为单位，按照学习理解、应用实践和迁移创新 3×3 学科能力要素（如表 2-4 所示）布局测试点，兼顾核心知识内容，选取不同陌生度和间接度的问题情境。对每个测试点进行多维编码，将知识内容、活动经验、认识方式和学科能力指标紧密关联。配合采取开放性试题、多级评分等策略。

表 2-4　各学科的学习能力 3×3 要素

| 学科 | 学习理解 | 应用实践 | 迁移创新 |
|---|---|---|---|
| 语文 | 识记 | 解释说明 | 鉴赏评价 |
|  | 信息提取 | 分析推断 | 发散创新 |
|  | 整体感知 | 感悟品味 | 解决问题 |

续表

| 学科 | 学习理解 | 应用实践 | 迁移创新 |
|---|---|---|---|
| 数学 | 观察记忆 | 分析计算 | 综合问题解决 |
| | 概括理解 | 推理解释 | 猜想探究 |
| | 说明论证 | 简单问题解决 | 发现创新 |
| 英语 | 感知注意 | 描述阐释 | 推理论证 |
| | 记忆检索 | 分析判断 | 创造想象 |
| | 提取概括 | 整合运用 | 批判评价 |
| 物理 | 观察记忆 | 分析解释 | 直觉联想 |
| | 概括论证 | 推论预测 | 迁移与质疑 |
| | 关联整合 | 综合应用 | 建构新模型 |
| 化学 | 辨识记忆 | 分析解释 | 复杂推理 |
| | 概括关联 | 推论预测 | 系统探究 |
| | 说明论证 | 简单设计 | 创新思维 |
| 生物 | 观察记忆 | 科学解释 | 复杂推理 |
| | 概括 | 简单推理 | 联系建立 |
| | 概念扩展 | 简单设计 | 创意设计 |
| 政治 | 观察体验 | 综合归纳 | 迁移发散 |
| | 了解认识 | 分析解释 | 价值判断 |
| | 记忆概括 | 搜集论证 | 行为倾向 |
| 历史 | 记忆 | 解释 | 叙述 |
| | 概括 | 推论 | 论述 |
| | 说明 | 评价 | 探究 |
| 地理 | 观察和记忆 | 解释和实践 | 迁移和探究 |
| | 比较和关联 | 计算和技能 | 区域判断和定位 |
| | 概括和归纳 | 综合和推理 | 评价规划 |

## （二）学科能力表现评价研究的主要结果

依据上述研究方法对九个学科开展多维度、多层次、多进程的学科能力表现测评，深入到各学科内部，选取具有重要的学科素养和能力培养价值的知识经验主题，探查学生在特定内容主题、基于核心知识和活动经验的学科能力表现。对于不同年级、同一年级不同阶段，以及教学干预前后等不同学习进程点进行学习进阶的研究，取得了丰富的第一手数据资料，得到了学生学习理解、应用实践和迁移创新能力的水平层级模型，不同学科领域学科能力发展的水平模型，特定认识主题的能力表现的进阶模型等。

限于篇幅，报告的评价研究结果是基于我国某市进行的高一必修课程结束时的学科能力表现测试的数据。此次测试的对象包括该市 10 个区县 42 所学校的两万余名学生样本，测试科目包括语文、数学、英语、物理、化学、生物 6 个学科。测试样本能较好地代表该市学生整体水平，测试结果整理及阅卷工作严格规范，能够保证数据真实有效。

学科能力表现水平等级划分借鉴 PISA 的划分程序——书签标定法，主要综合考虑试题的学科能力要素指标、认识方式指标和基于 Rasch 模型得到的试题难度值，基于学科能力模型进行逻辑分析初步划定水平等级，再用 SPSS17.0 对各水平进行单因素方差分析，检验各水平间是否存在显著性差异，最后确定各水平所对应的试题难度值范围。学科能力总体表现划分为 A、B、C、D、E 由高到低五个水平层级，学习理解、应用实践和迁移创新能力表现划分为 A、B、C、D 由高到低四个水平层级。

### 1. 学生学科能力的总体表现水平

学生六个学科的学科能力总体表现的水平分布情况如图 2-2 所示。

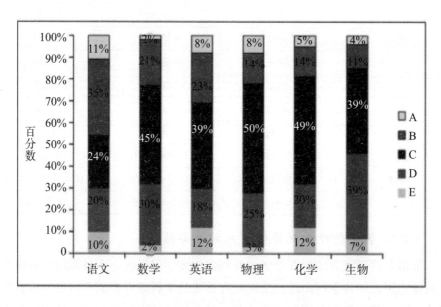

图 2-2　学生各学科的学科能力总体表现的水平分布

大部分学科学生的学科能力表现的平均水平处于 C 水平，达到 A 水平的学生比例在 2% ~ 11% 之间，处于 D 水平及其以下的学生比例超过 28%。不同学科学生的学科能力表现差异较大，发展不均衡。学科能力表现达到较高水平（水平 A 和 B）的学生人次比由高到低的学科依次是语文、英语、数学、物理、化学、生物。学科能力表现处在低水平（水平 E）的学生人比次由低到高的学科依次是数学、物理、生物、语文、英语和化学。以英语学科为例，可以看到学生不同水平的学科能力总体表现特点。

英语学科有 8% 的学生处于 A 水平，即面对陌生、新颖、开放的问题情境，能基于对英语语言知识的综合运用，创建个性化的书面表达、批判评价、热点议题，提出合理且具备原创价值的问题解决方案，或能深入研读、分析与整合语言材料中的复杂信息，进而运用英语较准确地阐释难句内涵，体现一定的系统性和创造性思维。23% 的学生处于 B 水平，面对相对陌生的问题情境，能围绕所给定的文本线索和图片要素完成描述、解读或简短续写等表达任务，或结合材料信息对语言现象予以感知、比较和判断，并具备较明晰的思维理据。39% 的学生处于 C 水平，即面对一般长难度的英文语篇和相对封闭式的问题情境，能搜寻、验证、分析及归纳材料中的多处信息，转化少量信息，或基于特定语境调用英语语言知识，完成简单推理。18% 的学生处于 D 水平，即面对相对熟悉且线索明确的封闭式问题情境，能从长时记忆中调取基础的语言知识，粗略把握短文要义和明显意图，或依据材料中直接对应的信息进行简单排序及推导。12% 的学生处于 E 水平，即尚不能完成语言知识的检索、提取、概括等基本任务。

研究表明，学科能力表现具有不同的水平层级。相同年级的同一学生群体，其学科能力表现也具有不同的水平层级，且呈现学科差异。数学、物理和化学学科处于高水平能力表现的学生人次比相比语文和英语学科更低。

2. 学生学习理解、应用实践、迁移创新能力的表现水平

学生各学科的学习理解、应用实践和迁移创新三类能力表现的平均水平如表 2-5 所示。

表 2-5 学生各学科的学习理解、应用实践和迁移创新能力表现平均水平

| 能力表现 | 语文 | 数学 | 英语 | 物理 | 化学 | 生物 |
|---|---|---|---|---|---|---|
| 学习理解能力水平 | B | C | B | B | B | B |
| 应用实践能力水平 | B | C | C | C | C | C |

续表

| 能力表现 | 语文 | 数学 | 英语 | 物理 | 化学 | 生物 |
|---|---|---|---|---|---|---|
| 迁移创新能力水平 | B | C | C | D | D | C |

第一，学生各学科学习理解能力表现的水平分布如图 2-3 所示。学生的各学科学习理解能力在总体上表现较好，各学科均有近 70% 的学生能够达到学习理解能力 B 及以上水平，但还有大约 10% 的学生学习理解能力处于最低水平 D。

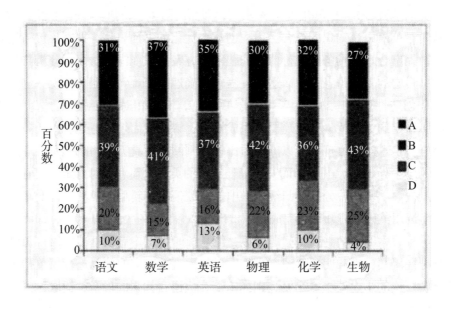

图 2-3　学生各学科的学习理解能力水平人次比

学科学习理解能力水平划分及其内涵描述，以物理学科为例进行说明。

物理学科有 30% 的学生处于 A 水平，即能把所学知识联系起来，围绕核心概念进行知识系统整合；能基于已有物理知识和方法论证相关概念和规律。42% 的学生处于 B 水平，即能用文字、符号公式和图表表征概念；能鉴别概念定律的似是而非的说法，并区别概念与相近概念。22% 的学生处于 C 水平，即能记住与核心概念相关的物理现象和过程，能提取简单物理现象中的有效信息，并将其与已有的物理知识进行直接对应。6% 的学生处于 D 水平，即不能回忆出物理概念或记忆存在偏差。

记忆、概括、论证是各学科学习理解能力的核心要素，对于学习过的知识和经验能够进行辨识、回忆、概括，能够与其他知识和经验进行整合关联，以及对所学知识进行说明论证，是高水平学习理解能力的特征表现。其中，记忆和概括是当前学科教学比较重视的，近半数的学生对学习过的知识具备记忆和基本概括能力。但是对于语文和理科来说，很多学生尚不能达到领会、说明、论证的理解水平。

第二，学生各学科应用实践能力表现的水平分布如图2-4所示。学生在各学科应用实践能力表现情况相比学习理解能力表现均有所下降，除生物学科处于较低水平（D水平）的学生人次比为11%外，其他学科处于D水平的学生人次比均在20%以上。在较高水平（水平A和B）的学生人次比方面，各学科之间差异较大，语文、英语学科学生表现较好，超过40%的学生可以达到应用实践能力的B及以上水平。生物、数学、物理、化学学科学生表现较差，B及以上水平的学生人次比较低。

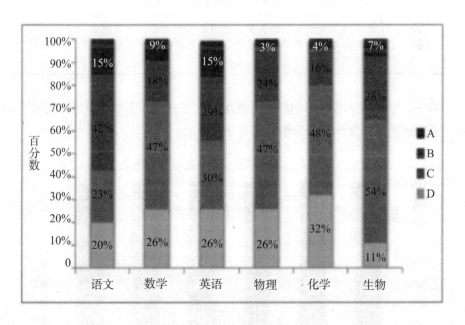

图2-4　学生各学科的应用实践能力水平人次比

学科应用实践能力表现水平的划分和内涵描述，以化学学科为例，如表2-6所示。

利用所学知识分析解释比较熟悉或简单的事物、由已知预测推断未知、执行运用所学知识和经验，是应用实践能力的核心要素和典型表现。学生的应用实践能力总体表现不够理想。学生应用实践能力表现明显不如学习理解能力的表现，不同学科各有短板，而且依赖于问题情境是否熟悉、问题情境的直接性和间接性程度，即对相关知识是否有提示。

表2-6　化学学科应用实践能力表现水平描述及人次比

| 水平 | 水平描述 | 人次比 |
|---|---|---|
| A | 在题目提示的情况下，利用特定认识角度，解决陌生情境中的问题 | 4% |
| | 或主动基于特定认识角度，解决陌生情境中的问题 | |
| | 利用活动经验分析和实施陌生情境的活动 | |
| B | 在题目提示的情况下，利用特定认识角度，解决熟悉情境中的问题；利用活动经验分析和实施熟悉情境的活动 | 16% |
| C | 直接利用已知物质性质、概念原理，解决熟悉情境中的问题；直接利用原型活动分析熟悉情境的活动 | 48% |
| D | 能够建立知识之间的关联，能辨识原型活动，但不能在题目情境中，利用物质性质、概念原理知识、原型活动解决问题 | 32% |

第三，学生各学科迁移创新能力表现的水平分布如图 2-5 所示，各水平的划分和内涵描述以化学学科为例，如表 2-7 所示。

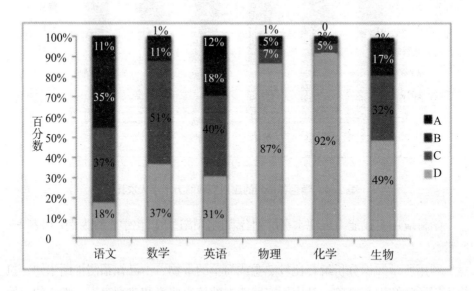

图 2-5　学生各学科的迁移创新能力水平人次比

表 2-7 化学学科迁移创新能力表现水平描述及人次比

| 水平 | 水平描述 | 人次比 |
|------|----------|--------|
| A | 主动基于多角度，解决陌生情境中的复杂问题；主动利用活动经验，基于多角度、以变量控制思想创新地分析和实施活动 | < 1% |
| B | 主动基于特定认识角度，并经过多步推理，解决陌生情境中的问题；主动利用活动经验，以过程优化为目的综合分析、系统实施陌生情境的活动 | 3% |
| C | 主动基于特定认识角度，识别陌生情境中的熟悉物质的性质或转化，解决陌生情境中的简单问题 | 5% |
| D | 不能主动调用特定认识角度解决问题；不能主动用活动经验分析和实施活动 | 92% |

　　面对陌生和不确定性问题情境，能够自主和主动调用多种知识经验，进行复杂系统推理，包括远联系建立、批判性思考和创意设计，是迁移创新能力的核心要素和特征表现。除语文学科之外，学生各学科的迁移创新能力表现情况相比学习理解和应用实践能力的表现均处于较低水平，且在数学和理科表现更弱。其中语文学科学生主要集中于 B 水平和 C 水平，D 水平和 A 水平的学生人数均较少；数学、英语、物理学科，D 水平和 C 水平学生人次比超过 70%，A 水平和 B 水平学生比例较少；物理、化学学科学生主要集中于 D 水平。

　　综上研究表明，学习理解能力、应用实践能力和迁移创新能力既是学科能力的不同类型，也属于不同的水平层级。不同学科的学习理解能力、应用实践能力和迁移创新能力既具有一些共通的关键要素，也具有一些学科特征要素。在当前的课程和教学条件下，学生相应学科课程的学习理解能力表现尚可，实践应用能力表现不够，而迁移创新能力很弱，且数理学科问题更加突出。学生在各学科认定的关键二级能力要素上的表现总体情况不够理想，在学习理解能力上更偏重于记忆，而欠缺于概括整合和说明论证等深度理解方面。在应用实践上薄弱于由已知推论和预测未知的能力。在迁移创新能力上，大部分学生没有表现出主动自觉利用学科核心知识、学科特定活动的程序性知识进行复杂推理、系统探究、发散思维、想象、创意设计、批判思考、联系发现、解决陌生和不确定性问题以及发现新知识和新方法的能力。

## 二、英语学科能力测试工具设计的理念与策略

对于英语学科能力来说，测试题目的设计围绕三个核心维度进行，即核心内容维度、核心能力维度和核心活动维度。核心内容维度以"生活""自然与环境""历史与社会"三项主题为测试背景，核心活动维度以英语语言常见的标准化语言测试题型为主要形式，包括听、说、读、写等形式，兼顾更精确指向能力测查的新颖题型和主观题。测查点聚焦核心能力维度，即 $3 \times 3$ 的学科能力要素框架。为了保证测试题的代表性和可操作性，在试题编制时，选择阅读和写作两个主要核心活动，在确保每套试卷全部覆盖 12 个二级学科能力指标的情况下，兼顾三个内容主题的全面与平衡。

为了实现对学生测试表现的细致、准确的诊断，采用以下三个策略开发测试题。

第一，在阅读和写作题目中，编制一定比例的开放性试题，目的在于探查学生的认识角度和认识水平差异。

第二，采用多级评分。当预期学生在某题上的作答表现可能会具有思维品质差异或是所运用的核心内容知识层次具有明显落差时，就将该题评分标准设计为多个连续自然数分档，分别准确指向某一级别的作答表现。

第三，题目的选材新颖，贴近学生实际和选定的核心知识主题，突出英语学科的工具性和人文性。

## 三、命题双向细目表的拟定

表 2-8 以英语学科测评中的一部分试题为例，展示了试题设计思路兼顾核心能力维度和核心主题维度的特点。

比如，学生要在阅读一首英文短诗后，观察其韵脚特点，选择契合的押韵方式，考查了学生的"观察与注意"能力（A1）。其内容主题为"生活"，所涉及的学科特定活动即核心活动主题为"阅读"。命题以二级学科能力指标为测查点，从核心内容和核心活动两个方面设计测评任务。表格详细介绍了命题的构成要素，包括主要考查点，基于什么内容以及什么活动类型。

表 2-8　某市测评项目命题双向细目（示例）

| 主题<br>能力 | 核心内容主题 | | | 核心活动主题 | |
|---|---|---|---|---|---|
| | 生活 | 历史与社会 | 自然与环境 | 阅读 | 写作 |
| A1<br>观察<br>与注意 | 观察一首英文短诗的韵脚，注意规律，选出契合的押韵方式 | 观察4个与国别、国人、语种相关的名词，选出特别的一个词并写出理由 | 观察4个与植物类别名称相关的单词，选出最特别的一个词并写出理由 | 观察一首英文短诗的韵脚，注意规律，选出契合的押韵方式 | — |
| A2<br>记忆<br>与检索 | — | 根据个人长时记忆知识，检索和维也纳相匹配的城市别称 | 关联和检索长时记忆中关于自然环境的词汇（windy），并根据含义，选择相应的穿着物品（coat） | 根据个人长时记忆知识，检索和威尼斯相匹配的城市别称 | — |
| A3<br>提取<br>信息 | 从文中提取与买书广告宣传目的相关的细节信息 | 从文中提取与年轻人搬家时选择住处相关的事实信息，简单加工 | 从文中提取Garland博士谈到的鲸鱼音乐信息 | 从文中提取与BudBurst项目年限相关的信息 | — |
| A4<br>概括 | 归纳文中男女生对淑女和绅士的不同定义，得出结论 | 根据全文有关里约热内卢申奥成功的系列信息，概括大意，选择恰当的标题 | 结合各文段中学生在地球日保护环境的活动和全篇结构，选择恰当的标题 | 通读全文，概括本文大意：老师指导学生制作同学录，并选择恰当的标题 | — |
| B1<br>解释<br>意义 | — | 解释文中画线语句的含义 | 解释一幅漫画的内涵 | 解释文中画线语句的含义 | 解释一幅漫画的内涵 |
| B2<br>描述<br>对象 | 描述一幅有关"孩子帮助做家务挣零花钱"的图片内容 | 根据图表介绍一项与民俗文化有关的调查结果 | 描述一幅漫画，解释漫画意义，并谈谈自己的看法 | — | 根据图表介绍一项与民俗文化有关的调查结果 |
| B3<br>分析<br>因果 | 根据文中线索，通过分析得出iPad一直引领市场的原因 | — | — | 根据文中线索，通过分析得出iPad一直引领市场的原因 | — |

续表

| 主题能力 | 核心内容主题 | | | 核心活动主题 | |
|---|---|---|---|---|---|
| | 生活 | 历史与社会 | 自然与环境 | 阅读 | 写作 |
| B4 论证观点 | — | 阅读短文，判断选项中哪些信息可以作为支撑题干要点的细节信息 | 阅读全文，分析文中列举的实例所发挥的论述功能，并做出选择 | — | 针对一幅漫画所体现的环保议题阐述个人看法（关注文中论证手段的使用） |
| B5 整合信息 | 通过阅读全文，综合各段信息，选择一个最具概括性的词表达 yearbook 的意义 | 写作时文段结构布局能否符合题干要求，能否使用一定的语言衔接手段 | — | 根据特定段落的描述，整合有关数据变化的多个信息点，画图呈现总体趋势。 | 写作时文段结构布局能否符合题干要求，能否使用一定的语言衔接手段 |
| C1 推理判断 | 通读 4 段有关电子娱乐设备的介绍，整合与"游戏"功能相关的描述，推导出特定人群的购买倾向 | — | 根据上下文判断短语 watch out 的含义，选出同义短语 | 通读 4 段有关电子娱乐设备的介绍，整合与"游戏"功能相关的描述，从而推导出特定人群的购买倾向 | |
| C2 预测想象 | 根据已知内容，续写故事结局 | — | — | — | 根据已知内容，续写故事结局 |
| C3 批判评价 | 针对一幅体现"孩子帮助做家务挣零花钱"议题的图片，表达个人看法 | — | — | — | 针对一幅调查图表所反映的民俗文化问题，表达个人看法 |

## 四、试题编制

### （一）编制流程

试题编制分三步进行，其基本流程如下：

首先，根据能力表现指标体系，以各二级能力要素为认知测查目标，以各内容主题及亚级主题为话题情境载体，以阅读和写作两项学科特定活动为作答任务类型命制试题；

其次，制定评分标准，并完成各试题解读详表（见表2-9）；

最后，组建试卷，确保测试点在各维度上分布均衡合理，且设置一定比例的锚题（试卷之间的链接题）。

如表2-9所示，试卷中每个题目都包含以下命题信息：试题编码、题型、考查年级、卷面编号、能力考点解析、内容主题、核心知识、活动主题、文章篇幅、参考答案和评分标准。

表2-9　试题解读详表示例

| 试题编码 | ×××× | 题型 | 选择题（阅读理解） |
|---|---|---|---|
| 考查年级 | 12年级 | 卷面题号 | 第7题 |
| 能力考点解析 | 本题考查B3分析因果能力：学生应能根据文中线索，通过分析（例如找寻相关信息、对比各款电子设备的价格等）得出iPad一直引领市场的原因 | | |
| 内容主题 | 生活—电子娱乐设备 | | |
| 核心知识 | 本篇目涉及一般现在时用于客观描述，被动语态，形容词与动词、名词互相转化等知识 | | |
| 活动主题 | 阅读 | | |
| 文章篇幅 | 456词 | | |
| 参考答案 | 略 | | |
| 评分标准 | 满分1分。选择正确计1分，错误不计分 | | |

## （二）试卷结构

表2-10呈现了各年级试卷中三个核心能力要素的测试点分布情况和三个核心内容主题、两个核心活动主题的测试点分布情况。

从核心能力维度看，各一级能力要素全部覆盖（事实上，各年级试卷均覆盖所有二级能力要素），比例分布基本合理；A能力考点数量较多，但大多是满分1分、较封闭的选择题或填空题；B能力和C能力中的开放题和多级评分题目所占比例增大。

从核心主题维度看，内容主题上主要选取了"生活""自然与环境""历史与社会"三项进行测评，这三项涵盖了中学阶段英语课程中的主要话题内容，且由表2-10可见，随着年级升高，各主题考点数量比例会有一定的变化。以"历史与社会"话题的考查为例，初中学段主要集中在学习理解层面，而高中试卷该话题考点数量在三个核心能力水平上分布更加均衡，因此更贴近各年级学生学习实际。在活动主题上，采用阅读活动考查的点较多，写作的考查点较少，符合常规测试形式；其中，写作考查点集中在应用实践和迁移创新层面，这是由写作活动强调语言运用、突出个性化表达等本质属性所决定的。

表2-10　中学英语学科各年级试卷结构

| 核心主题 | | 生活 | 自然与环境 | 历史与社会 | 阅读 | 写作 |
|---|---|---|---|---|---|---|
| 初中学段 | | 7/8/9 | 7/8/9 | 7/8/9 | 7/8/9 | 7/8/9 |
| 核心能力 | A 学习理解 | 7/6/6 | 8/6/7 | 10/11/8 | 10/8/6 | 0/0/0 |
| | B 应用实践 | 1/4/5 | 1/0/1 | 0/0/0 | 2/2/4 | 6/6/6 |
| | C 迁移创新 | 5/6/5 | 1/0/1 | 0/2/2 | 5/7/7 | 1/1/1 |
| 高中学段 | | 10/11/12 | 10/11/12 | 10/11/12 | 10/11/12 | 10/11/12 |
| 核心能力 | A 学习理解 | 5/6/4 | 3/2/3 | 8/9/0 | 5/6/5 | 0/0/0 |
| | B 应用实践 | 2/1/2 | 5/1/6 | 4/5/0 | 5/4/6 | 6/6/6 |
| | C 迁移创新 | 5/4/3 | 1/0/1 | 2/2/0 | 7/5/6 | 1/1/1 |

## （三）锚题设计

依据项目反应理论( Item Response Theory )，需要在各年级试卷间设计锚题，以便比较分析不同年级样本之间的能力表现。锚题设计主要考虑题目分值和能力要素分布两个因素。在题目数量和分值上，尽可能保证锚题分值占总分值的

20% 以上。在能力要素分布上，尽可能使锚题覆盖学习理解、应用实践和迁移创新三个层级水平。如表 2-11 所示，在中学六个年级英语试卷的共 83 个能力测试点中，贯穿全学段的总锚题分值占总试卷分值的 27.3%；如果分学段统计，初中三个年级试卷之间锚题分值占比达 43.6%，高中三个年级试卷之间锚题分值占比达 41.8%，均符合设计原则。

表 2-11　中学英语学科试卷锚题分布

| 能力要素 | 总锚题 | 初中卷锚题 | 高中卷锚题 | 7—8 年级锚题 | 9—10 年级锚题 |
|---|---|---|---|---|---|
| | 题量 / 分值 | 题量 / 分值 | 题量 / 分值 | 题量 / 分值 | 题量 / 分值 |
| A 学习理解 | 12/12 | 18/18 | 13/13 | 3/3 | 1/1 |
| B 应用实践 | 5/13 | 8/20 | 9/23 | — | 1/1 |
| C 迁移创新 | 2/5 | 4/10 | 4/10 | — | 1/1 |
| 总比例 | 22.9%/27.3% | 55.6%/43.6% | 51%/41.8% | — | — |

## 五、试题评估与调整

### （一）基于 Rasch 模型的试题评估

关于学科能力测评的试题评估，我们以自然科学领域的客观测量为标杆，试图为社会科学领域的测量建立起一套客观和可靠的标准。Rasch 模型是基于项目反应理论的分析模型，通过统计、分析考生在一套试题上的表现，得出其潜在的能力估值，并将考生能力与试题难度建立关系。Rasch 得出的不是原始分那样的描述性的、确定性的单一数值，而是一种推论性质的估值，考生能力与试题难度之间的关系可以看作是考生给出某种回答的可能性。

在本研究中，我们采用单维 Rasch 分析软件（Winsteps）和多维 Rasch 分析软件（ConQuest）。前者用于分析学生的整体表现情况，如学生的英语学科能力总表现。后者针对特定分析思路，分析学生在不同维度下的表现。例如，基于主题维度，分析学生在三个测试内容主题下的能力表现。

Rasch 模型中重要的参数值如下：

1. 试题难度值

根据能正确回答该题的学生比例计算得出。Rasch 模型自动将试题难度值一列的平均值（mean）设置为 0，正数表示题的难度在平均难度以上，负数表示在平均难度以下。

2. 个人能力值

Rasch 测评模型通过分析考生在一套试题上的表现（根据答对的题目比例计算），得出考生潜在的能力估值，在分析过程中权衡试题难度以及试题难度与学生能力水平的吻合度。

2. 信度

Rasch 模型提供两种信度指标，试题信度和考生信度。

3. 拟合度

拟合度体现考生回答试题的表现与 Rasch 模型的关系。如果某题目的答题结果大体上呈现出低水平的学生错误率比高水平的学生大，说明该题能测出学生的能力。拟合度的关注参数为 Infit MNSQ，可接受范畴是 0.7~1.3。当一道题的 Infit MNSQ 值大于 1.3 时，说明该题显著地不拟合（significant misfit），也可以解读为该题失去了预测功能；当某一道题的 Infit MNSQ 值小于 0.7 时，说明该题显著地过度拟合（significant overfit），意思是在这道题的答题表现上，某一个水平点（整体能力值）以下的学生全部答错，以上的学生全部答对，学生的作答极限过于确定，这也是不被 Rasch 认可的。拟合度为研究者基于测试结果反思试题质量、优化试题设计提供了重要参考。

## （二）试卷信度

基于某市两区有效样本的测试数据，利用 Winsteps 软件运行单维 Rasch 模型分析，得出了一系列试题评估指数。首先，两区 7 至 12 年级 6 套试卷、涵盖 83 个英语学科能力测试点的试题总信度为 1.000，考生信度为 0.910，如表 2-12 所示。同时，利用多维 Rasch 模型分维度检核试题信度，各维度测试工具信度也达到 0.870 以上，说明本轮测评工具的信度很高。

表 2-12　英语学科能力表现测评工具的信度

| 信度 | 单维 RASCH | 多维 RASCH | | |
|---|---|---|---|---|
| | 学生 / 试题 | 学习理解 | 应用实践 | 迁移创新 |
| | | 0.876 | 0.893 | 0.914 |
| | 0.910/1.000 | 历史与社会 | 生活 | 自然与环境 |
| | | 0.880 | 0.886 | 0.882 |

# 第三节　英语学科能力测评的实施概要

## 一、共建学科测量目标体系

测量目标体系的建立是一个多方利益共同参与的长期实践，是实现学科能力良性培养的关键因素。只有确立良好的测量目标、良好的教学目标，测量才能真正引导、配合和促进教学，达到培养国民英语素养的最终目标。

**（一）建设学科测量目标体系要符合教学实际，正确引导教学实践**

学科测量目标体系的建立必须基于中学英语教学实践，必须考虑学生学习水平、师资发展水平、全国英语教学整体水平，同时还要照顾不同的区域、不同学习层次的教学实际状况。但是这种照顾不是简单地迁就最高或最低水平，而是在大家认同的共同目标下确立的目标体系，引导大家各自依据自身特色开展良性的竞争。

**（二）建立学科测量目标体系，引导英语学科测量走向规范化和专业化**

英语学科测量需要实现从经验摸索走向理论论证与现代测量实践相结合的转变，实现由手工作坊标准向工业化标准的转变。未来英语学科的测量应重视考试数据的获取、分析与检验，要从数据分析中获得理论支持，从而更准确地把握测量发展的方向。从全国学科测量的整体发展来看，建立科学的学科测量目标体系有利于提升整个考试行业的测量水准，有利于快速提升测量技术，有利于共同实现测量技术的整体提高。

### （三）构建完整的、科学的学科测量目标体系

这也就意味着大家在新的学科共建平台上，从各自领域对学科能力研究将做出更大的贡献。对中学教学来说，明确的学科测量目标体系将使得教学更加和谐、有计划，而不是陷入针对中考、高考的混战状态之中。对中学英语学科测量来说，拥有明确的学科测量目标体系，为考试测量行业订立明确的行业标准，才能切实提高英语学科测量的整体水平。

现有学科能力研究和实践是建设学科测量目标体系的重要基础，而科学的学科测量目标体系的建设与实践也会切实推进对学科能力的更深层认识。两者共同肩负学科建设与培养的重任。从长远意义上来讲，两者的和谐互动有利于英语学科的健康发展，有利于学生英语学科能力的有效提升。

## 二、测试样本

参与测试的样本来自某市 C 区、F 区和 H 区层次不同的四所学校，其中 F 区和 H 区两个区共有 20 所初中 2880 名初中学生、19 所高中 2073 名高中学生，C 区有 11 所学校 728 名高中学生。F 区和 H 区的有效样本在各区域、各年级、各类别学校以及各具体学校层面的分布情况如表 2-13 和表 2-14 所示。C 区的有效样本在各年级和各类别学校的分布如表 2-15 所示。

表 2-13　F 区和 H 区初中学段有效样本分布情况

| 类别 | 区域 | 学校代码 | 7 年级 | 8 年级 | 9 年级 | 小计 | 总计 |
|---|---|---|---|---|---|---|---|
| 一类校 | F | 1 号校 | 87 | 69 | 78 | 234 | 466 |
|  |  | 2 号校 | 40 | 36 | 39 | 115 |  |
|  |  | 3 号校 | 39 | 40 | 38 | 117 |  |
|  | H | 12 号校 | 108 | 93 | 0 | 201 | 329 |
|  |  | 17 号校 | 57 | 38 | 33 | 128 |  |

续表

| 类别 | 区域 | 学校代码 | 7年级 | 8年级 | 9年级 | 小计 | 总计 |
|---|---|---|---|---|---|---|---|
| 二类校 | F | 4号校 | 45 | 45 | 39 | 129 | 365 |
| | | 5号校 | 40 | 36 | 39 | 115 | |
| | | 6号校 | 43 | 41 | 37 | 121 | |
| | H | 10号校 | 119 | 78 | 64 | 261 | 823 |
| | | 13号校 | 114 | 110 | 65 | 289 | |
| | | 11号校 | 122 | 77 | 74 | 273 | |
| 三类校 | F | 7号校 | 40 | 41 | 40 | 121 | 366 |
| | | 8号校 | 41 | 37 | 45 | 123 | |
| | | 9号校 | 40 | 40 | 42 | 122 | |
| | H | 18号校 | 73 | 68 | 0 | 141 | 253 |
| | | 19号校 | 49 | 45 | 18 | 112 | |
| 四类校 | H | 20号校 | 33 | 30 | 19 | 82 | 278 |
| | | 16号校 | 24 | 13 | 12 | 49 | |
| | | 14号校 | 27 | 21 | 15 | 63 | |
| | | 15号校 | 40 | 26 | 18 | 84 | |
| 总计 | F | 共9所学校 | 415 | 385 | 397 | 1197 | |
| | H | 共11所学校 | 766 | 599 | 318 | 1683 | |
| | 两区 | 共20所学校 | 1181 | 984 | 715 | 2880 | |

表 2-14  F 区和 H 区高中学段有效样本分布情况

| 类别 | 区域 | 学校代码 | 10 年级 | 11 年级 | 12 年级 | 小计 | 总计 |
|---|---|---|---|---|---|---|---|
| 一类校 | F | 1 号校 | 78 | 179 | — | 257 | 439 |
| | | 4 号校 | 59 | 57 | 66 | 182 | |
| | H | 12 号校 | 47 | 47 | — | 94 | 209 |
| | | 17 号校 | 38 | 38 | 39 | 115 | |
| 二类校 | F | 2 号校 | 38 | 39 | 73 | 150 | 371 |
| | | 3 号校 | 41 | 39 | 40 | 120 | |
| | | 6 号校 | 40 | 61 | — | 101 | |
| | H | 10 号校 | 43 | 41 | 38 | 122 | 345 |
| | | n 号校 | 43 | 44 | 43 | 130 | |
| | | 13 号校 | 32 | 32 | 29 | 93 | |
| 三类校 | F | 7 号校 | 38 | 56 | 39 | 133 | 437 |
| | | 8 号校 | 44 | 37 | 71 | 152 | |
| | | 9 号校 | 46 | 45 | 61 | 152 | |
| | H | 18 号校 | 16 | 11 | — | 27 | 78 |
| | | 19 号校 | 22 | 16 | 13 | 51 | |
| 四类校 | H | 14 号校 | 16 | 13 | 25 | 54 | 194 |
| | | 15 号校 | 26 | 15 | 17 | 58 | |
| | | 16 号校 | 15 | 15 | 16 | 46 | |
| | | 20 号校 | 15 | 10 | 11 | 36 | |

续表

| 类别 | 区域 | 学校代码 | 10 年级 | 11 年级 | 12 年级 | 小计 | 总计 |
|---|---|---|---|---|---|---|---|
| 总计 | F | 共 8 所学校 | 384 | 513 | 350 | 1247 | |
| | H | 共 11 所学校 | 313 | 282 | 231 | 826 | |
| | 两区 | 共 19 所学校 | 697 | 795 | 581 | 2073 | |

表 2-15  C 区高中学段有效样本分布情况

| 类别 | 区域 | 学校代码 | 10 年级 | 11 年级 | 12 年级 | 小计 | 总计 |
|---|---|---|---|---|---|---|---|
| 一类校 | C | 21 号校 | 34 | 27 | 26 | 87 | 333 |
| | | 22 号校 | 34 | 49 | 50 | 133 | |
| | | 23 号校 | 35 | 39 | 39 | 113 | |
| 二类校 | C | 24 号校 | 30 | 23 | 20 | 73 | 274 |
| | | 25 号校 | 29 | 24 | 20 | 73 | |
| | | 26 号校 | 30 | 25 | 20 | 75 | |
| | | 27 号校 | 20 | 14 | 19 | 53 | |
| 三类校 | C | 28 号校 | 18 | 10 | 10 | 38 | 121 |
| | | 29 号校 | 16 | 9 | 10 | 35 | |
| | | 30 号校 | 11 | 5 | 4 | 20 | |
| | | 31 号校 | 14 | 8 | 6 | 28 | |
| 总计 | C | 共 11 所学校 | 271 | 233 | 224 | 728 | |

### 三、测试实施

英语学科能力测试在经过试测之后做了调整、修改，于 2014 年 3 月在 F 区 9 所中学、H 区 11 所中学正式实施，测试时长为 100 分钟。组织两区的教研员、一线教师以及部分高校硕士研究生和博士研究生开展了两轮的阅卷工作。每轮阅卷前，由课题组核心成员做详细培训、开展试评，并在阅卷过程中严格把控各阅卷人员评判的一致性，并在必要时实施仲裁。所有试题经过随机双评，一旦发现不一致则即时提交由课题组核心成员担任的试题组组长进行第三次评阅。基于原始测试数据，筛除了无效卷，最终得到两区 6 个年级共 4953 个有效样本及其数据。本轮测评的无效卷判定标准如下：英语学科答卷的主观题如果全部空答，计作无效试卷。

### 四、试卷编码

为了便于后续的统计与分析，我们对试卷中的每一道试题进行了编码。每道试题名称由 16 位代码构成。例如，某道试题的编码为 E12L0700B30T1J45，依次代表英语学科、12 年级、生活主题、卷面第 7 题、不含小题、考查 B3（分析因果）能力、隶属阅读活动主题、考查阅读能力表现框架中"解读信息"能力下"能否结合材料中的实例阐明信息、语句或段落之间的逻辑关系，如因果、转折、并列 / 次序、目的与手段等"三级能力。

## 第四节 英语学科能力水平划分层级的路径

### 一、学科能力表现的类型与水平层级

由于课程知识性质和课程价值的差异，不同学科具有不同类型、不同水平的核心能力表现。

#### （一）学科能力表现的类型

学科能力表现大致可分为基础性学科能力表现、知识性学科能力表现、学科素养性能力表现等不同类型。基础性学科能力表现是指各个学科皆有所表现的基本能力，是学生认知能力在学科中的具体体现，是指与思维活动的一般过程和形式相关的能力表现，如布卢姆所解析的认知领域目标：了解、理解、应用、分析综合、评价等能力要求，就是各个学科都包含的基础性能力表现。基础性

学科能力表现是认知能力在学科中的具体化。

知识性学科能力表现是学科具体知识学习的能力要求。不同学科的知识要素、知识性质、具体内容不同，知识性学科能力表现的要求就不同。如语文课程中的词语意义的把握与表达能力、语法与篇章结构的理解与应用能力。数学课程中的代数、三角、函数、几何、排列组合、微积分等的运算能力等。

学科素养性能力表现是学科的核心能力表现，是最能体现学科性质的维度。一般来说，母语课程的核心学科能力表现包括阅读能力、表达能力（包括口头表达和书面表达）、思维方式与文化理解能力、价值观判断与实践能力等方面。数学课程的核心学科能力表现包括数学运算、空间想象、数学论证与推理、数学思维与数学文化理解等。科学课程的核心学科能力表现包括科学观察、科学实验、科学探究与问题解决能力等。

不同学科具有不同的能力表现要素，也同样具有相同的能力表现（Key Performance），比如观察能力、跨文化交际能力（或跨文化沟通能力）、发现问题与提出问题以及分析问题与解决问题能力等等，这些在诸多学科领域都是非常关键的能力表现。课程实施要在这些核心能力表现具有不同的学科特质和差异性。科学观察与数学中的对数量关系的观察、对空间关系的观察，以及与语文中对生活和社会现象的观察就具有明显的异质性。其具体指标和水平要求不同，培养方式以及知识转化的方式也就不同。

## （二）学科能力表现的水平层级

同一学科在不同学段，核心能力表现的指标和项目也是有差异的。比如数学能力表现，在小学阶段最关键的是数量关系理解能力和计算能力，而到了初中和高中，这一核心能力表现则退到了比较成熟和次要的地位，而数学假设、推理、论证和应用则成为最关键的能力表现了。所以，同一学科的核心能力表现指标是随学生学习进程的变化而变化的。在同一学科中，各种学科能力表现指标及其重要性程度不是一成不变的。现行的课程标准、学科教学往往忽视了核心能力表现的变化性、差异性，而仅仅考虑知识掌握水平的差异性；评价学生学科能力表现的标准是笼统的、不具体的，缺乏指标性的、表现性的能力发展要求。

学科能力表现的水平层级，体现了学生学科素养培育和发展的阶段性和顺序性的要求。不同学段、不同年级的学科教学，要明确分解各种学科能力表现要求的水平差异。以阅读能力的要求为例，从小学到初中，仅仅要求学生能"用普通话正确、流利、有感情地朗读课文"，存在目标不明确、不具体，缺乏水平差异的局限性。什么是"正确"的朗读？什么是"流利"的朗读？什么是"有感情"的朗读？不同学段、不同年级的"正确""流利""有感情"三项亚指标的水平差异是什么，皆不明确。学科能力表现类型和水平层级的明确与否，是影响学生学业质量高低、影响知识能否向能力转化的重要原因之一。

## 二、英语学科能力水平划分层级

水平划分主要综合考虑试题的学科能力要素指标、解题所需的思维加上复杂程度 [ 参考布卢姆（Bloom）教育目标分类"认知过程维度"]、学科特定活动属性（即英语语言运用的任务类型，理解性任务如阅读类，或表达性任务如读写结合、写作类）、作答形式（如开放式或封闭式）以及用 Rasch 模型处理测试数据后得到的试题难度值等多个因素，通过逻辑分析初步划定水平等级，再用 SPSS20.0 对各水平进行单因素方差分析，检验各水平间是否存在显著性差异，最后确定各水平所对应的试题难度值范围。

编制试题细目表是为水平划分做准备的第一步。如表 2-16 所示，梳理本次测评 83 个能力考查点的细目表，包括试题难度、试题编号、试题描述、系列指标（主题、能力、活动）和学生典型表现五大部分，并将所有考点按试题难度值排序。

表 2-16　英语学科能力表现测试试题细目表（示例）

| 试题难度 | 试题编号 | 试题描述（作答形式 + 内容简述） | 内容主题（话题 + 核心知识） | 二级能力 | 特定活动 | 学生典型表现 |
|---|---|---|---|---|---|---|
| 4.01 | E00L1920 A10T3000 | 选择＋简答：能观察 4 个蔬菜类单词（复数形式），选出最特别的一个词并写出理由 | 生活—蔬菜；词义、名词复数规则 | A1 观察与注意 | — | 表现 1：能选出 tomatoes，并说明该词特殊的复数变化规则 |
| 3.64 | E00L1910 A10T3000 | 选择＋简答：能观察 4 个与学校生活中的用品或场所相关的单词（名词），选出最特别的一个词并写出理由 | 生活—学校环境和用品；词义、构词法（合成词） | A1 观察与注意 | — | 表现 1：能选出 dictionary，并说明该词为非合成词，而其余三词都是合成词／可拆解为两个单词 |

续表

| 试题难度 | 试题编号 | 试题描述（作答形式＋内容简述） | 内容主题（话题＋核心知识） | 二级能力 | 特定活动 | 学生典型表现 |
|---|---|---|---|---|---|---|
| 3.46 | E00N1930 A10T3000 | 选择＋简答：能观察4个天气类单词（形容词），选出最特别的一个词并写出理由 | 自然与环境——天气；词义、天气类形容词结尾词形特点 | A1 观察与注意 | — | 表现1：能选出 freezing，并说明该词不是以 y 结尾的天气形容词，而其余三词都是 |
| 2.54 | E12L0900 C10T1K11 | 选择：通读4个文段后，整合各段对本产品与"游戏"功能相关的特性描述，从而选出游戏爱好者最不可能购买的平板电脑 | 生活——电子娱乐设备；一般现在时表客观描述、被动语态、形容词与动词、名词互相转化的知识 | C1 推理判断 | — | 表现1：能正确推断出游戏爱好者最不可能购买的平板电脑为 Kindle Paperwhite |
| 1.93 | E02H2110 B20T2J22 | 作文：根据饼状图介绍调查结果，并发表看法，谈谈是否应保留放烟花这一中国传统习俗 | 历史与社会民俗＋社会热点：是选择放烟花、保留民俗和年味，还是选择少放、禁放烟花的新兴潮流 | B2 描述对象 | 写作 | 能用英语描述一项关于春节是否保持放烟花传统的民意调查结果 |

依据上面所述原则进行综合考虑和反复逻辑论证，课题组最终将学生的英语学科能力总表现划分为六个水平，具体如表2-17所示。

表 2-17　英语学科能力表现水平层级

| 水平等级 | Rasch 难度 | 水平描述 | 试题示例 | 学生表现示例 |
|---|---|---|---|---|
| 水平 6 | 4.01 ~ 3.46 | 面对陌生、新颖、开放的问题情境，能够自主基于英语语言知识的综合运用进行观察、分析与发现，并能阐明思维理据，体现一定的系统性和创造性思维 | E00L1920A10T3000 E00L1910A10T3000 E00N1930A10T3000 | 以 E00L1920A10T3000 为例：能观察、对比 4 个蔬菜名称单词，选出个人认为最特别的一个词并写明理由。根据测评标准与考生作答表现，选 tomatoes，可从三个角度阐述理据，复数形式、重音、英美式发音 E00L1910A10T3000 选 dictionary：合成词、复数形式、四音节词、独有辅音 [k] E00N1930A10T3000 选 freezing：天气类形容词结尾词形、词根构成（不含名词） |
| 水平 5 | 1.93 ~ 1.46 | 面对较陌生、开放的问题情境，能够基于英语语言、写作手法、话题背景等知识与输出类技能的综合运用，（经历汇集素材、合理推演、建立个人观点等复杂思维过程）完成描述、解读、论证、评价等个性化表达任务，体现了外语学习的迁移运用 | E02H2110B20T2J22 E00N2130B40T2K12 E02H2120C30T2J22 E00N2120B10T2J22 | 以 E02H2110B20T2J22 为例：能基于饼状图数据介绍一项调查结果，描述中涵盖对数据的简单陈列和对比加工 以 E02H2120C30T2J22 为例：能就题干和饼状图等材料所提供的"春节是否保持放烟花传统"的话题进行批判和评价，评价中能明确表达个人看法，并结合具体实例阐述理由 |

续表

| 水平<br>等级 | Rasch<br>难度 | 水平描述 | 试题示例 | 学生表现示例 |
|---|---|---|---|---|
| 水平<br>4 | 1.41～<br>1.21 | 面对基于阅读材料的、开放的问题情景，能够整合材料中已知或暗示的多重信息并在此基础上运用英语完成解读、推理、想象等表达性任务 | E02H1200B10T1J41<br>E02H1100C10T1K11<br>E00L1700C20T1K11 | 以 E02H1200B10T1J41 为例：能根据题干整合威尔士语简介短文里的相关信息，用英语解释原文中一个难句的含义<br>以 E02H1100C10T1K11 为例：能在有关威尔士语的一系列描述中找准原文线索，结合题干（备选词库）信息，推断出不可能出自威尔士语的词汇，并准确说出推断理由 |
| 水平<br>3 | 1.19～<br>0.11 | 面对基于阅读材料的、相对封闭式的问题情景，能够搜寻、分析、验证或归纳材料中的多处信息（即经历多轮思维加工过程），并在此基础上完成具有相对唯一或最佳答案的理解性任务 | E12N0600A30T1J21<br>E12N0500B30T1J15<br>E10N0800A30T1J21<br>E08L0900A40T1J31<br>E04L0600A10T1I11<br>E12H0200C10T1J43<br>E11H0400A30T1J21<br>E09N1300A40T1J31<br>E10N0700IVI0T1J44<br>E01L1100B50T1J32 | 以 E12N0600A30T1J21 为例：能根据题干线索，搜寻分布在不同文段的具体信息（Dr Garland 的阐述），并逐一与选项比对、验证，选出正确答案。（本题测试点为 A3 提取信息，但题目难度位于 32/83 位——题干问法比较开放"According to the passage, Dr Garland wants to tell us…"，答题线索只有"Dr Garland"，相关内容散布在第 3、5、6 段，3 个干扰选项也需要到文中提取信息并进行比对，且各选项都是完整句，考生作答此题需经历多轮思维加工过程）<br>以 E01L1100B50T1J32 为例：能根据题干线索，搜寻分布在全文不同段落的具体信息（年刊记录的事件特点），在此基础上综合比较各备选项（things they feel excited/sorry/important/special）的内涵，辨析出最具整合意义的、最全面的答案 |

| 水平<br>等级 | Rasch<br>难度 | 水平描述 | 试题示例 | 学生表现示例 |
|---|---|---|---|---|
| 水平<br>2 | 0.02 ~<br>−0.93 | 面对基于阅读材料的、封闭式的问题情境，能够根据焦点明确的题干线索定位材料中相关的少量信息并做简单转化（即经历较粗放的思维加工过程），在此基础上完成具有唯一答案的理解性任务（解题思路相对单一、明确，但题目和选项中并没有与原文直接对应的信息，考生解答这类问题仍需要一定的解码和简单推理过程） | E04L0500C10T1K11<br>E07L0100A30T1J21<br>E07N0900C10T1J41<br>E00L1400A30T1J21<br>E09N1200C10T1J43<br>E10L0100C10T1J41 | 以 E04L0500C10T1K11 为例：能根据题干线索明确定位在小诗最后一节、结尾句（妈妈不想养狗是一个错误的决定，因为相较于小狗，她会更不想要"这"条蛇），简单推导出文中没有明确表达的信息，即小孩正带一条蛇回家。小诗简短，文字简单易懂<br>以 E07L0100A30T1J21 为例：能根据题干线索定位在材料第 2 段的英语学习者问题，并转化原文表述，选出意思契合的 They are afraid of speaking English. |
| 水平<br>1 | −0.98 ~<br>−3.33 | 面对基于阅读材料的或指向基础英语语言知识考查的封闭式问题情境，能够根据焦点明确的题干线索直接辨认、提取原文信息，或迅速关联目标知识（即经历最浅层的思维加工过程），在此基础上完成具有唯一答案的理解性任务 | E03H0100A30T1J21<br>E09H0100A30T1J21<br>E12L0700B30T1J45<br>E00H2030A20T3000<br>E01N1810A20T3000<br>E01N1840A20T3000<br>E11L0700A30T1J21<br>E03H0500A30T1J21<br>E01L1000A30T1J21<br>E08H0100A30T1J21<br>E07N0700A30T1J21<br>E03H0500A30T1J21 | 以 E03H0100A30T1J21 为例：能根据题干中的明确日期（Oct.2nd, 2009），直接定位短文第 3、4 句中与奥运会、主办方、人民庆贺直接相关的细节信息，选出意思正确且关键词与原文一致的正确选项<br>以 E01N1840A20T3000 为例：能根据题干中的明确提示词 snowy，关联相匹配的活动 skiing，选出正确选项 |

单因素方差分析结果表明，六个水平之间相伴概率均小于0.050，差异显著，如表2-18所示。

表2-18　各水平间差异显著性检验结果

| 水平 | | 均值差 | 显著性 |
|---|---|---|---|
| I | J | I-J | |
| 水平6 | 水平5 | 1.749 | 0.045 |
| 水平5 | 水平4 | 0.360 | 0.028 |
| 水平4 | 水平3 | 0.759 | 0.000 |
| 水平3 | 水平2 | 0.930 | 0.000 |
| 水平2 | 水平1 | 1.373 | 0.000 |

采用相邻水平两个难度相邻试题的难度值中值为高水平能力层级的下限和低水平能力层级的上限，英语学科能力表现的六个水平区间如表2-19所示。

表2-19　各级能力水平对应的试题难度值范围

| 水平 | 水平1 | 水平2 | 水平3 | 水平4 | 水平5 | 水平6 |
|---|---|---|---|---|---|---|
| 试题难度值范围 | $(-\infty, -0.955)$ | $[-0.955, 0.065)$ | $[0.065, 1.20)$ | $[1.20, 1.435)$ | $[1.435, 2.695)$ | $[2.695, +\infty)$ |

英语学科能力指标体系的建构是一个不断发展和完善的过程，该体系由最初的三个一级指标（学习理解、应用实践、迁移创新）和12个二级指标发展为三个一级指标（学习理解、应用实践、迁移创新）和9个二级指标，最终形成了"3×3英语学科能力要素内涵及其表现指标框架"。本章研究了基于早期的三个一级指标（学习理解、应用实践、迁移创新）和12个二级指标而开展的一系列测评研究，其中英语学科能力测试题目的设计紧紧围绕核心内容、核心能力和核心活动三个核心维度进行，同时研究基于Rasch模型对所开发的试题进行了科学的评估，对学生的整体表现情况及其在不同维度下的表现情况进行了精准的分析和描述，从而确保了所开发试题的信度，并在试测、调整、修改和正式测试的基础上，最终对学生英语学科能力表现水平层级进行了划分。

# 第三章 英语学科能力的提升策略

## 第一节 英语学科能力测评结果概述

### 一、测评的概念与分类

#### （一）测评的概念

测评，是以现代心理学和行为科学为基础，通过心理测验、面试、情景模拟等科学方法对人的价值观、性格特征以及发展潜力等的心理特征进行客观的测量与科学评价。

#### （二）测评的分类

1. 选拔性测评

选拔性测评是一种以选拔优秀人才为目的的素质测评，它有五个特点：整个测评特别强调测评的区分功用；测评标准的刚性最强；测评过程特别强调客观性；测评指标具有选择性；选拔性测评的结果或是分数或是等级。

2. 配置性测评

配置性测评以人事合理配置为目的，是人力资源管理中常见的一种测评形式。它具有针对性、客观性、严格性、准备性等特点。

3. 开发性测评

开发性测评是以开发人员素质为目的的测评，它为人力资源开发提供了科学性与可行性依据。开发性测评具有勘探性、配合性、促进性等特点。

4. 诊断性测评

诊断性测评是以服务于了解素质现状或素质开发问题为目的的素质测评。

它与其他测评类型相比，有四个特点：测评内容或者十分精细，或者全面广泛；诊断性测评的过程是寻根究底；测评结果不公开；测评具有较强的系统性。

5.考核性测评

考核性测评以鉴定与验证某些素质是否具备或者具备程度大小为目的，它经常穿插在选拔性测评与配置性测评之中。考核性测评有四个特点：它的测评结果是对被测评者素质结构与水平的鉴定；考核性测评侧重于被测评者现有素质的价值与功用；是一种总结性的测评，具有概括性；要求测评结果具有较高的信度与效度。

## 二、英语学科核心素养的测评

既然初中、高中英语课程的目标、内容和学业质量标准都是基于核心素养制定的，那么初中、高中英语课程的测评也应该充分体现核心素养。从目前的情况来看，初中、高中英语课程的测评主要指初中、高中英语学业水平考试和中考、高考英语。现以高中学段为例，对英语学科核心素养的测评展开研究。

根据《普通高中英语课程标准（征求意见稿）》，高中英语学业水平考试和高考英语主要考查学生在语言能力、文化意识、思维品质和学习能力等方面达到的水平。这些素养在不同程度上可以通过纸笔考试直接或间接地考查，有些素养更适合通过非纸笔考试的方式进行考查，如口试、访谈、观察等。

《普通高中英语课程标准（征求意见稿）》指出，英语学业水平考试和高考都应该在考查学生的英语语言运用能力的同时，渗透对文化意识、思维品质和学习能力的考量。对语音、词汇、语法、语用、语篇和文化知识的考查应渗透在英语理解能力和表达能力的考查之中，不应孤立地考查这些方面的知识点，更不应机械地考查对知识的记忆情况。高中英语学业水平考试和高考英语主要考查学生的英语理解能力和表达能力。

英语理解能力包括学生对口头和书面语篇的理解能力、从口头和书面语篇中获取信息的能力、对口头和书面语篇做出反应的能力。命题时，要从理解的对象和理解的层次设置试题的考查点。理解的对象包括语篇直接或间接提供的信息、事实、观点、情感、态度等。理解的层次包括识别、区分、归纳、分析、阐释和评价等。试题的难度可以从理解的全面性和深刻性两方面来考虑。

英语表达能力是指学生用英语进行口头或书面表达的能力，特别是在真实语境中传递与沟通信息，再现生活经验，表达观点、意图和情感的能力。要以适当的形式考查学生有意识或无意识地选择词汇和语法手段来表达特殊意图和效果的能力。要从意义表达的实际效果、口语和书面语语篇的结构、文体特征、衔接性和连贯性等方面制定评分标准。

近些年来，高中英语学业水平考试和高考英语一直在进行改革，已经取得了一些很好的经验，有些做法已经很成熟。考试命题越来越注重对语言能力的考查，也就是说，目前的高中英语学业水平考试和高考英语在很多方面已经体现了对核心素养（特别是语言能力）的考查，关于这方面的研究也很多，由于篇幅所限，笔者仅就今后的测评提几点具体的建议。

**（一）在测评内容与要求方面，切实体现对英语学科核心素养的测评**

现在的大多数考试（如中考、学业水平考试和高考）越来越重视全面考查学生的英语语言知识掌握情况和英语语言运用能力。但是，英语学科核心素养不只是英语语言知识和英语语言运用能力，还包括思维品质、文化意识和学习能力。今后的测评要尽可能较为全面地覆盖这些素养的测评。

目前关于思维品质、文化意识和学习能力的测评方式与手段还不很成熟，需要深入的研究。当然，并非思维品质、文化意识和学习能力的各个方面都能通过纸笔考试的方式来测评。另外，即使是英语语言知识和英语语言运用能力的测评，就具体考试内容和要求而言，目前各类考试的内容和水平要求与英语学科核心素养体系还有一定的距离，比如有些重要的考试仍然不包括听力和口语的考查，听力理解和阅读理解的试题仍然以对事实性信息的识别、提取和理解为主，涉及分析、评价、判断和阐释的试题还不多。

《普通高中英语课程标准（征求意见稿）》要求学生"能识别语篇中的主要事实与观点之间的逻辑关系"，而不只是区分事实与观点；要求学生"能识别语篇中的内容要点和相应支撑论据"，而不只是抓住内容要点；要求学生"能识别语篇为传递意义而使用的主要词汇和语法结构"，而不只是理解语篇传递的意义。目前很多书面表达试题对考生的限制太多，或者已经提供所写内容，考生只需将所给内容翻译成英语或用英语来描述已经给出的内容。《普通高中英语课程标准》（征求意见稿）要求学生"能在书面表达中有条理地描述自己或他人的经历，阐述观点，表达情感态度；描述事件发生、发展的过程，描述特征、说明概念"，而且在表达中"根据表达的需要，有目的地选择词汇和语法结构"。这些要求都超出目前的考试要求。

**（二）测评使用的语言素材尽量选取相对真实的、完整的语篇**

根据《普通高中英语课程标准（征求意见稿）》，为了培养学生的核心素养，英语教学活动应置于一定的主题语境之中，应基于真实的、完整的语篇开展教学。主要教学活动应有助于学生全面地、深刻地理解语篇，并对语篇的内容做出反应，在此基础上阐述语篇。基于核心素养的测评也需要使用真实的、完整的语篇。

目前各类考试尽量采用原汁原味的英语语言素材。但总体来看，所采用的语篇的篇幅都比较短，往往是节选的段落，比如，大多数高考阅读试题的原文在 250~300 词。这样篇幅的语篇往往在内容和结构上不够完整，不利于考查学生整体把握语篇的能力和根据语篇不同部分的内容进行分析、评价和阐释的能力。

在《普通高中英语课程标准》的修订过程中，项目组对学生进行了英语水平试测，主要是为了检验课程标准要求的合理性。一份试测试卷的阅读理解部分采用了一篇 827 词的文章，共设计了 13 道小题，包括选择题、匹配题、填空题和判断题，从不同角度和深度考查学生对文章的理解。在事后的访谈过程中，很多学生提到对这道"长文章"的题目不太适应，主要是文章篇幅太长，一些题目需要前后反复阅读才能确定答案。这说明高中生在阅读 800 词左右的"长文章"时面临很大的挑战。

### （三）测评方式应该尽可能灵活多样

选择科学、合理的测评方式是考试的一个重要环节。测评方式是否科学、合理，直接关系到测评的效度和信度，关系到测评的可操作性，关系到测评需要投入的人力和物力。因此，凡是与考试相关的人士，都非常关心测评方式。对于大多数命题人员、考生和教师来说，考试题型尤其重要。由于担心题型的变化带来不利影响，很多考试采用的题型很长时间都没有变化，或者若干年才有少许变化。这样，备考实际上成为针对题型的备考，而且直接影响到平时的教学。"怎么考就怎么教"早已成为天经地义的事情。大规模、高利害考试确实对考试形式（特别是题型）有很多限制，考试形式应相对成熟、稳定。近些年来，我国的高考英语在题型上一直在进行改革探索，不断尝试新的题型。但笔者认为，目前很多重要的英语考试采用的题型仍然比较陈旧、单一，而且多年变化不大；国内外语教育界有意或无意地夸大了题型对考试的影响。考试题型单一且长期不变化更是助长了学生和教师对题型的盲目关注。其实，只要试题形式科学、合理，且试题命制质量有保证，题型的变化不会影响考生实际水平的发挥。

在高中英语课程标准试测过程中，项目组参考近些年国内外一些重要英语考试的题型，特意选用了一些新题型。事后访谈中很多学生提及：对选择题以外的题型还是感到新鲜或陌生；试题比平时做的题目更有意思，这些新题型的答案不是特别明显，需要动脑子。有的学生还这样说：对于新颖的题目，有一点暗喜，问题比较明了，但要靠自己去理解题意，理解力好一点的话就会比较得心应手。事后分析试测结果时发现，对于平时比较注重实际能力培养的学校的考生，新题型对其考试成绩影响不大；而平时比较注重应试教育的学校，新题型对考生成绩的影响要大一些。

下面结合三个例题来进一步说明笔者对以上三点建议的认识。由于每个例题并不只是体现一个方面的命题理念和技术，因此笔者特意集中讨论这些例题。

第一个例子是一道阅读理解试题。阅读材料是一篇题为 "Spoilt for choice？" 的论述文，全文 467 个单词，另外配有三幅插图。文章的大意是，生活中人们面临的选择太多或者可供人们选择的东西太多，反而给人们带来不愉快的经历。以下是文章的第一自然段以及针对这一段的一道试题：

Have you ever panicked when faced with too much choice and not been able to decide what to eat in the canteen? Or which flavor crisps to buy? Or what channel to watch on TV? You are not alone. We now have so much choice in our lives that psychologists believe it is making us unhappy.

Question： Give two different words from Paragraph 1 which show that too much choice causes people problems.

（1）

（2）

文章的第一自然段以几个问题开始，引发读者思考，然后通过段末的主题句直接点题：We now have so much choice in our lives that psychologists believe it is making us unhappy. 试题设计者并没有设计这样的问题，如：Does too much choice in our lives make us unhappy？ 或 According to Paragraph 1，what is making us unhappy？ 而是要求考生从段落中找出两个能说明太多的选择使人们不愉快的单词（答案是 panicked 和 unhappy）。这道试题背后的命题理念是，考生不仅要理解文章说了什么，还要理解文章使用了什么语言资源来直接或间接地表达意义，这符合课程标准的要求，即能识别语篇为传递意义而使用的主要词汇和语法结构。需要指出的是，像这样的试题需要采用灵活的考试题型，如果采用选择题或判断题等客观性题型，就很难达到考查的预期目的。

第二个例子也是一道阅读理解试题。阅读材料是一篇题为 "Chosen" 的短篇小说的节选（650 个单词）。小说的大意是，一个 14 岁的女孩如何违背妈妈的意愿选择了一条小狗。以下是小说的第一自然段以及针对这一段的一道试题：

It was my father who decided we must have a dog, but choosing one turned out to be more difficult than we thought. After my mother had turned down a dozen puppies, we asked ourselves if any dog, anywhere in the world, could possibly be good enough. But, when we found it, this new puppy was to be my dog. I had decided this. And the fact was that I didn't want a good, noble and well-bred dog – the kind that my mother longed for. I didn't know what I did want, but the idea of such a dog bored me.

Question: Explain one impression you get of the girl's mother from Paragraph 1. Support your answer with a quotation from this paragraph.

这道题不是考查学生对小说中事实性信息的理解（如：Who decided that the family should have a dog？ 或 Why was it difficult for the family to choose a dog？），也不是考查学生对小说中人物之间的情感的理解（如小女孩对其妈妈的情感），而是考查学生自己对故事中人物的理解和把握，即考生对小说中小女孩的妈妈的印象。考生在描述（解释）自己的印象时，还需要引用小说中的文字来佐证自己的观点。从命题技术的角度来看，命制这样的试题并不难，关键在于转变命题理念和考试方式的选择。从考点来看，这道题考查的是读者即考生对小说中人物的理解和把握，有相当大的主观性。从考试形式来看，这道题是开放性试题，在评分标准的制定方面有一定的挑战。

下面这个例题旨在考查学生对衔接和连贯手段的掌握情况。《普通高中英语课程标准》（征求意见稿）在"学业质量标准"和"学业考试与高考命题建议"等部分都提到学生应"能辨识和分析语篇的文体特征及衔接手段"。这里的衔接手段包括通过使用代词、连接词、省略句、替代语等词汇和语法资源来实现指代、连接、省略、替代等衔接关系。那么如何考查这种能力呢？过去很多考试的做法是，在文章中标出某个人称代词或物主代词，要求学生找出该代词指代的人或物，一般采用选择题的形式。这类试题的缺点是，一般只能考查个别代词的指代意义，而且由于给出了选择项，学生很容易解答试题，以下的例子则有利于克服这个缺点。

Below is a poster designed by a local CAB（Citizen Assistance Bureau）. Please find 5 pronouns in the poster that refer to the local CAB.

TALK TO US

Everyone needs help and advice sometimes.

Even really bright people can't know everything. Each year our laws， rules and regulations become even more complex. It's hardly surprising so many of us can't understand them. And that's where your local CAB can help.

It's their job to listen to your questions. Of course they take pride in being able to help with really difficult problems.

We're asked for all kinds of information. A difficult legal matter. Where responsibilities lie in consumer disputes. ... And just about everything else!

That's how your local CAB helps you to help yourself.

Ask us.


Please write the pronouns below.

1.＿＿ 2.＿＿ 3.＿＿ 4.＿＿ 5.＿＿

（答案：1.US 2.their 3.they 4.we 5.us）

这道题的原始材料是一份真实、完整的告示，其主要内容是 CAB（市民咨询办公室）给市民的通知，告诉他们有困难可以找 CAB。这份告示用了五个人称代词来指代 CAB，而且不完全相同，试题要求考生找出这五个人称代词。这似乎有悖于传统的文法要求，即要保持人称的一致性。这道题可以较为全面地考查学生对语篇中人称代词指代意义的理解和把握。但是，如果采用选择题或判断题，就很难达到测试目的。当然，在高利害、大规模考试中，可能不宜过于集中考查代词的指代意义，或不宜在这类试题上赋分太多。

### 三、某市 F 区和 H 区初、高中学段学生英语学科总能力测评结果

综合某市 F 区和 H 区两区初、高中学段全部有效样本的测试结果发现：两区中学学生英语学科能力表现的均值居于水平 3，F 区、H 区各自均值也居于水平 3，其中 H 区均值明显高于 F 区均值，特别是在高水平段（水平 4、水平 5、水平 6），说明 H 区英语学科能力水平较高的中学生多于 F 区；两区一类校、二类校各自均值居于水平 3，三类校、四类校均值居于水平 2。详细分布如表 3-1、图 3-1 所示。

表 3-1 两区中学样本英语学科能力表现总水平分布表（人次百分比）

| 样本类别 | | 平均能力值 | 标准差 | 平均水平 | 水平 1 (-∞, -0.955) | 水平 2 [-0.955, 0.065) | 水平 3 [0.065, 1.2) | 水平 4 [1.2, 1.435) | 水平 5 [1.435, 2.695) | 水平 6 [2.695, +∞) |
|---|---|---|---|---|---|---|---|---|---|---|
| 两区全样本 | | 0.374 | 1.272 | 3 | 14.07% | 23.90% | 35.57% | 6.48% | 17.52% | 2.44% |
| 不同类别学校 | 一类校 | 0.966 | 1.154 | 3 | 4.05% | 15.04% | 35.20% | 8.73% | 31.19% | 4.99% |
| | 二类校 | 0.437 | 1.212 | 3 | 11.97% | 23.53% | 37.82% | 7.30% | 16.86% | 2.52% |
| | 三类校 | -0.232 | 1.090 | 2 | 23.54% | 34.92% | 33.77% | 3.26% | 4.50% | 0 |
| | 四类校 | -0.233 | 1.314 | 2 | 27.97% | 26.06% | 31.99% | 4.03% | 9.75% | 0.21% |
| 不同区域 | H 区 | 0.535 | 1.347 | 3 | 13.51% | 19.73% | 33.72% | 7.21% | 22.04% | 3.79% |
| | F 区 | 0.209 | 1.167 | 3 | 14.65% | 28.19% | 37.48% | 5.73% | 12.89% | 1.06% |

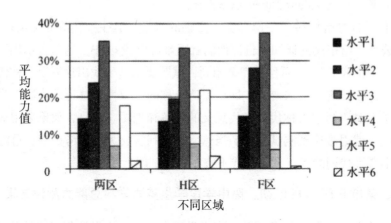

图 3-1 两区中学样本不同区域英语学科能力表现总水平分布图（人次百分比）

## （一）初中学段 F 区和 H 区学生英语学科能力测评结果

表 3-2 呈现了 F 区和 H 区有效样本测试数据，根据数据可以得出以下结论。

表 3-2 F 区初中学段样本英语学科能力表现总水平分布表（人次百分比）

| 样本类别 | | 平均能力值 | 标准差 | 平均水平 | 水平 1 (−∞, −0.955) | 水平 2 [−0.955, 0.065) | 水平 3 [0.065, 1.2) | 水平 4 [1.2, 1.435) | 水平 5 [1.435, 2.695) | 水平 6 [2.695, +∞) |
|---|---|---|---|---|---|---|---|---|---|---|
| 两区初中全样本 | | 0.072 | 1.247 | 3 | 19.03% | 28.09% | 35.35% | 5.49% | 10.73% | 1.31% |
| F 区不同类别学校 | 一类校 | 0.448 | 1.129 | 3 | 7.08% | 27.47% | 40.56% | 9.65% | 12.88% | 2.36% |
| | 二类校 | −0.028 | 1.095 | 2 | 16.99% | 35.34% | 35.34% | 4.93% | 7.40% | 0 |
| | 三类校 | −0.716 | 0.984 | 2 | 38.25% | 39.34% | 20.49% | 0.82% | 1.10% | 0 |
| 不同区域 | H 区 | 0.162 | 1.286 | 3 | 18.61% | 24.26% | 35.73% | 6.90% | 12.96% | 1.54% |
| | F 区 | −0.053 | 1.178 | 2 | 19.63% | 33.50% | 32.83% | 5.51% | 7.61% | 0.92% |

注：7 年级、8 年级、9 年级样本均以第一学期结束、第二学期开学为本次测评时间点。

根据上表数据可得出以下结论。

——两区初中全部有效样本的平均能力值为 0.072，居于水平 3。

——F 区学校初中学生英语学科能力总水平平均能力值为 −0.053，居于水平 2，即学生整体上能够完成如下任务：面对基于阅读材料的、封闭式的问题情境，能够根据焦点明确的题干线索定位材料中相关的少量信息并做简单转化（即经历较粗放的思维加工过程），在此基础上完成具有唯一答案的理解性任务（解题思路相对单一、明确，但题目和选项中并没有与原文直接对应的信息，考生解答这类问题仍需要一定的解码和简单推理过程）。根据这一情况，可以预计学生能够很好地完成水平 1 的活动。

——H 区学校初中学生英语学科能力总水平平均能力值为 0.162，居于水平 3，即学生能够做到"面对阅读材料，在相对封闭式的问题情境中，能够搜寻、分析、验证或归纳材料中的多处信息（即经历多轮思维加工过程），并在此基础上完成具有相对唯一或最佳答案的理解性任务"。

——F 区初中有效样本的英语学科能力总表现的平均值低于 H 区，且有多达 53.13% 的学生处于水平 1 和水平 2。H 区处于水平 1 和水平 2 的学生百分比为 42.87%，低水平的学生数低于 F 区大约 10 个百分点。两区处于水平 3 的学生百分比很接近（H 区 35.73%，F 区 32.83%），处于水平 4 以上的学生百分比 H 区为 21.40%，F 区为 14.04%，差异不是很大。总体看，处在学科能力低水平区的学生占比 F 区要高于 H 区，而高水平区的学生占比 F 区要略低于 H 区，反映出两区学生在英语学科上的总体差异。

——具体看 F 区内三类学校的表现，可以发现，F 区内各类别学校之间存在一定差异。一类校学生英语学科能力表现处于水平 3，而二类校和三类校则处于水平 2，说明不同类学校之间存在明显差异；F 区一类校学生英语学科能力总体表现最好，水平 3 以上的学生人数占到了 65.45%，中上水平的人数最多，二类校次之，三类校最差，三类校中处在水平 1 和水平 2 的学生占到测评人数的 77.59%。

### （二）高中学段 F 区和 H 区学生英语学科能力表现

高中学段两区学生英语学科能力表现如表 3-3 所示，可以看出：

——两区高中全部有效样本的平均能力值为 0.792，居于水平 3。

——F 区高中平均能力值为 0.460，居于水平 3，H 区高中平均能力值为 1.294，居于水平 4。换言之，F 区高中有效样本的英语学科能力总表现的平均值低于 H 区，F 区处于中低水平段（水平 1、2、3）的学生占到近 75%，H 区处于中低水平段的学生人数占比为 43.34%，也可以说，H 区处于高水平段（水平 4、5、6）的学生人数占比超过了 55%，而 F 区处于高水平段的学生人数占比仅略高于 25%。可以看出，高中学段两区学生的学科能力水平的差距比初中学段的差距明显拉大。

——根据 F 区的不同类别学校学生学科能力表现看，一类校、二类校各自均值都居于水平 3，三类校居于水平 2。

表 3-3　两区高中学段样本英语学科能力表现情况（人次百分比）

| 样本类别 | | 平均能力值 | 标准差 | 平均水平 | 水平 1 $(-\infty, -0.955)$ | 水平 2 $[-0.955, 0.065)$ | 水平 3 $[0.065, 1.2)$ | 水平 4 $[1.2, 1.435)$ | 水平 5 $[1.435, 2.695)$ | 水平 6 $[2.695, +\infty)$ |
|---|---|---|---|---|---|---|---|---|---|---|
| 两区高中全样本 | | 0.792 | 1.185 | 3 | 7.19% | 18.09% | 37.05% | 6.71% | 26.96% | 4.00% |
| F 区不同类别学校 | 一类校 | 0.957 | 1.122 | 3 | 6.15% | 13.44% | 33.49% | 6.83% | 36.67% | 3.42% |
| | 二类校 | 0.422 | 0.986 | 3 | 8.63% | 21.02% | 49.32% | 7.28% | 13.75% | 0 |
| | 三类校 | −0.007 | 0.945 | 2 | 11.65% | 37.55% | 44.16% | 3.89% | 2.75% | 0 |

续表

| 样本类别 | | 平均能力值 | 标准差 | 平均水平 | 水平1 $(-\infty, -0.955)$ | 水平2 $[-0.955, 0.065)$ | 水平3 $[0.065, 1.2)$ | 水平4 $[1.2, 1.435)$ | 水平5 $[1.435, 2.695)$ | 水平6 $[2.695, +\infty)$ |
|---|---|---|---|---|---|---|---|---|---|---|
| 不同区域 | H 区 | 1.294 | 1.134 | 4 | 3.15% | 10.53% | 29.66% | 7.87% | 40.56% | 8.23% |
| | F 区 | 0.460 | 1.099 | 3 | 9.86% | 23.1% | 41.94% | 5.93% | 17.96% | 1.20% |

注：10年级、11年级、12年级样本均以第一学期结束、第二学期开学为本次测评时间点。

## 四、F 区和 H 区初中、高中学段学生核心能力二级指标测评结果

利用多维 Rasch 分析模型，运算出各有效样本在本次测评中的英语学科学习理解能力、应用实践能力、迁移创新能力的系列数值，由此得到学生的英语学科一级能力的表现情况，如表 3-4 所示。

表 3-4　两区中学样本英语学科 A、B、C 一级能力和 A1—C3 二级能力均值统计

| 样本类别 | | A 能力 | | | | B 能力 | | | | | C 能力 | | |
|---|---|---|---|---|---|---|---|---|---|---|---|---|---|
| | | A1 | A2 | A3 | A4 | B1 | B2 | B3 | B4 | B5 | C1 | C2 | C3 |
| 平均得分率 | 两区 | 28% | 74% | 73% | 63% | 29% | 26% | 44% | 33% | 29% | 29% | 34% | 30% |
| | H 区 | 29% | 76% | 77% | 65% | 30% | 27% | 45% | 34% | 30% | 28% | 34% | 30% |
| | F 区 | 27% | 71% | 68% | 62% | 28% | 24% | 44% | 32% | 28% | 28% | 32% | 30% |
| 平均能力值 | 两区 | 0.761 | | | | 0.479 | | | | | 0.429 | | |
| | H 区 | 0.910 | | | | 0.504 | | | | | 0.437 | | |
| | F 区 | 0.609 | | | | 0.453 | | | | | 0.422 | | |

从总体上看，H 区和 F 两区中学阶段全样本在 A、B、C 一级能力上的均值体现出 A>B>C 的趋势，H 区、F 区各总均值也体现出同样的趋势。换言之，两区中学生在英语学习中的学习理解能力高于应用实践能力，应用实践能力高于迁移创新能力——这与课题组的理论预期相符，也反映出 A、B、C 能力试题对于中学生来说难度逐渐增大。观察两区中学学段的能力均值对比图，如图 3-2 所示，可以发现：两区学生在 A 能力上的均值差异最大，B 能力次之，C

能力均值在整体上比较相近，两区差异不大。分析差异原因主要有两个：一是B能力有些考点在写作任务中考查，相较于C能力，有些推理判断题较难；二是从学校实际教学情况看，各学校普遍对于B能力训练得较少。

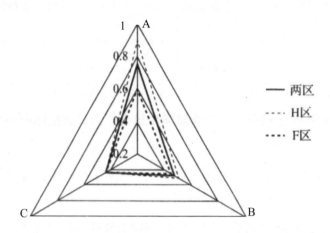

图 3-2　两区中学样本英语学科 A、B、C 一级能力均值对比图

由图 3-3 可以看出，除 C3 能力外，H 区学生在其他二级能力要素上的表现均高于 F 区，其中在 A2 和 A3 上的优势明显。

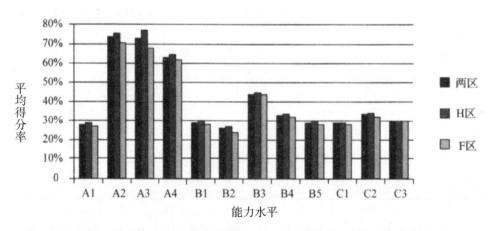

图 3-3　两区中学样本英语学科 A1—C3 二级能力平均得分率对比图

就初中学段而言，H 区、F 区初中学生的英语学科一级能力即 A 学习理解能力、B 应用实践能力、C 迁移创新能力均表现出显著差异。H 区初中学生的英语学科三个一级能力表现的平均能力水平均显著高于 F 区初中学生，并且在A 能力上，H 区初中学生的平均能力水平显著高于两区初中学段平均水平，如

表 3-5 所示。

表 3-5　两区初中学段样本英语学科一级能力和二级能力均值统计

| | | A 能力 | | | | B 能力 | | | | | C 能力 | | |
|---|---|---|---|---|---|---|---|---|---|---|---|---|---|
| | | A1 | A2 | A3 | A4 | B1 | B2 | B3 | B4 | B5 | C1 | C2 | C3 |
| 平均得分率 | 两区 | 23% | 69% | 75% | 54% | 33% | 29% | 55% | 29% | 42% | 50% | 31% | 45% |
| | H 区 | 24% | 71% | 77% | 58% | 35% | 29% | 58% | 34% | 42% | 53% | 34% | 43% |
| | F 区 | 21% | 68% | 71% | 49% | 30% | 29% | 45% | 50% | 23% | 42% | 28% | 48% |
| 平均能力值 | 两区 | 0.426 | | | | −0.319 | | | | | −0.115 | | |
| | H 区 | 0.542 | | | | −0.254 | | | | | −0.036 | | |
| | F 区 | 0.261 | | | | −0.410 | | | | | −0.225 | | |

就高中学段而言，单因素组间方差分析结果显示，H 区、F 区高中学生的英语学科一级能力，即 A 学习理解能力、B 应用实践能力、C 迁移创新能力均表现出显著差异，如表 3-6 所示。无论是基于区域总样本或分年级样本进行比较，H 区高中学生的英语学科三个一级能力表现均显著高于 F 区高中学生，且显著高于两区高中平均水平。

表 3-6　高中学段两区样本英语学科一级能力表现区际比较

| 一级能力 | | 两区 | | H 区 | | F 区 | | F | Post Hoc |
|---|---|---|---|---|---|---|---|---|---|
| | | 均值 | 标准差 | 均值 | 标准差 | 均值 | 标准差 | | |
| A 能力 | 总样本 | 1.145 | 1.086 | 1.517 | 1.021 | 0.850 | 1.045 | 77.874★ | H> 两区 H>F |
| | 10 年级 | 0.884 | 1.107 | 1.257 | 0.948 | 0.533 | 1.133 | 29.073★ | |
| | 11 年级 | 1.159 | 1.008 | 1.360 | 0.906 | 0.994 | 1.058 | 8.255★ | |
| | 12 年级 | 1.364 | 1.084 | 1.951 | 1.067 | 0.977 | 0.908 | 62.090★ | |
| B 能力 | 总样本 | 0.151 | 1.174 | 0.604 | 1.170 | −0.208 | 1.048 | 99.911★ | H> 两区 |
| | 10 年级 | −0.029 | 1.176 | 0.366 | 1.039 | −0.400 | 1.177 | 28.860★ | |
| | 11 年级 | 0.125 | 1.136 | 0.433 | 1.129 | −0.129 | 1.080 | 15.487★ | |
| | 12 年级 | 0.335 | 1.181 | 1.029 | 1.230 | −0.124 | 0.889 | 74.785★ | |

续表

| 一级能力 | | 两区 | | H 区 | | F 区 | | F | Post Hoc |
|---|---|---|---|---|---|---|---|---|---|
| | | 均值 | 标准差 | 均值 | 标准差 | 均值 | 标准差 | | |
| C 能力 | 总样本 | 0.412 | 1.041 | 0.811 | 1.020 | 0.096 | 0.945 | 98.372★ | H>F |
| | 10 年级 | 0.211 | 1.040 | 0.576 | 0.904 | −0.133 | 1.044 | 31.715★ | |
| | 11 年级 | 0.400 | 0.990 | 0.652 | 0.952 | 0.194 | 0.975 | 13.520★ | |
| | 12 年级 | 0.601 | 1.052 | 1.219 | 1.082 | 0.193 | 0.805 | 74.590★ | |

★$p < 0.05$

## 五、某市 C 区高中学生英语学科总能力测评结果

利用单维 Rasch 分析模型，运算出各有效样本在本次测评中的英语学科能力总值（即全卷试题反映出的总体能力值），由此得到学生的英语学科能力总体表现情况。

从能力均值上看，C 区各校高中学生英语学科能力总体表现的测评结果概览如下。

如表 3-7 和图 3-4 所示，21 号校、26 号校、23 号校、24 号校和 22 号校的学生英语学科总能力均值高于 C 区均值，其中，21 号校和 26 号校相对较高；25 号校、31 号校、29 号校、27 号校、28 号校和 30 号校总能力都低于 C 区均值，其中 30 号校与 28 号校相对较低。

表 3-7　C 区高中样本英语学科总能力均值

| 学校类别 | 学校代码 | 均值 | 标准差 | 学校类别 | 学校代码 | 均值 | 标准差 | 学校类别 | 学校代码 | 均值 | 标准差 |
|---|---|---|---|---|---|---|---|---|---|---|---|
| 一类校 | 21 号校 | 0.950 | 0.702 | 二类校 | 24 号校 | 0.580 | 0.784 | 三类校 | 28 号校 | −0.440 | 0.864 |
| | 22 号校 | 0.550 | 0.570 | | 25 号校 | 0.300 | 0.558 | | 29 号校 | 0.100 | 0.734 |
| | 23 号校 | 0.630 | 0.635 | | 26 号校 | 0.870 | 0.670 | | 30 号校 | −0.460 | 0.551 |
| C 区总样本 | | 0.470 | 0.768 | | 27 号校 | −0.030 | 0.800 | | 31 号校 | 0.280 | 0.280 |

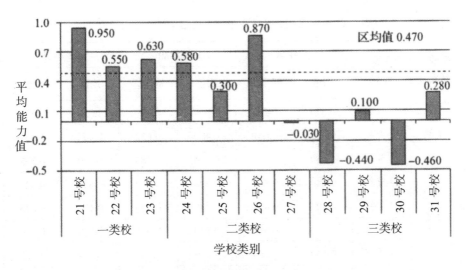

**图 3-4　C 区各校高中样本英语学科总能力均值**

从图 3-5 中可以看到，各类别学校之间存在显著的、与学校层次相符的差异，其中一、二类校在 12 年级差距拉开较大，而二、三类校主要在 10 年级和 11 年级具有较明显差距，二类校 12 年级样本的能力表现优势不再凸显。

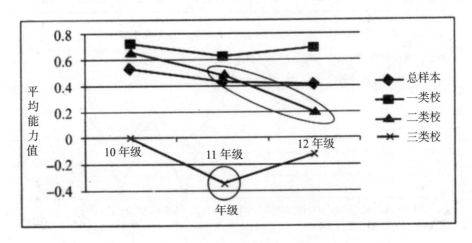

**图 3-5　C 区各年级及各类别学校高中学生英语学科总能力均值**

如表 3-8 和图 3-6 所示，通过校际比较发现，一类校中 21 号校（尤其在 11 年级）学生能力表现显著优于绝大部分学校，个别二类校（如 26 号校 10 年级）、三类校（如 31 号校 10 年级）学生总能力值接近甚至显著高于上一级别的个别学校。

表 3-8　C 区各校分年级高中样本英语学科总能力均值

| 学校类别 | 学校代码 | 10 年级 | | 11 年级 | | 12 年级 | |
|---|---|---|---|---|---|---|---|
| | | 均值 | 标准差 | 均值 | 标准差 | 均值 | 标准差 |
| 一类校 | 21 号校 | 0.840 | 0.753 | 1.000 | 0.829 | 1.030 | 0.470 |
| | 22 号校 | 0.850 | 0.601 | 0.460 | 0.632 | 0.440 | 0.397 |
| | 23 号校 | 0.480 | 0.632 | 0.580 | 0.785 | 0.810 | 0.398 |
| 二类校 | 24 号校 | 0.840 | 0.892 | 0.290 | 0.662 | 0.530 | 0.626 |
| | 25 号校 | 0.400 | 0.459 | 0.280 | 0.595 | 0.190 | 0.643 |
| | 26 号校 | 1.100 | 0.568 | 0.850 | 0.646 | 0.540 | 0.730 |
| | 27 号校 | 0.100 | 0.735 | 0.490 | 0.508 | −0.540 | 0.772 |
| 三类校 | 28 号校 | −0.250 | 0.756 | −0.940 | 0.930 | −0.260 | 0.859 |
| | 29 号校 | 0.140 | 0.562 | 0.030 | 0.783 | 0.080 | 0.977 |
| | 30 号校 | −0.300 | 0.421 | −0.460 | 0.370 | −0.900 | 0.897 |
| | 31 号校 | 0.420 | 0.559 | 0.030 | 0.361 | 0.290 | 0.554 |
| C 区均值 | | 0.540 | 0.764 | 0.440 | 0.794 | 0.410 | 0.740 |

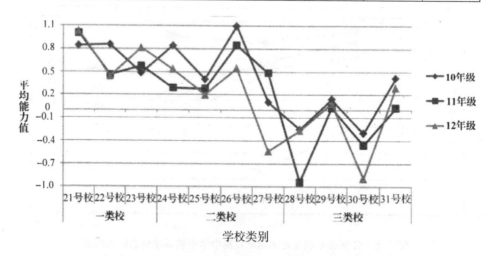

图 3-6　C 区各校各年级高中样本英语学科总能力均值情况

此外，参与本次测评的三个年级总样本之间未表现出英语学科总能力上的明显差距，但是在二、三类校中存在一部分高年级能力均值显著低于低年级的情况；整体来说，本次参测样本中，新升入 10 年级的学生总能力均值相对较低。

## 六、某市 C 区各校高中学生各维度学科核心素养能力测评结果

首先，从能力均值上看，C 区各校高中学生英语学科能力总体表现的测评结果概览如表 3-9 所示。

表 3-9　C 区各校高中样本英语学科一级能力均值

| 学校类别 | 学校代码 | 一级能力 | | | | | |
| --- | --- | --- | --- | --- | --- | --- | --- |
| | | A 学习理解 | | B 应用实践 | | C 迁移创新 | |
| | | 均值 | 标准差 | 均值 | 标准差 | 均值 | 标准差 |
| 一类校 | 21 号校 | 1.150 | 0.593 | 0.460 | 0.548 | 0.860 | 0.533 |
| | 22 号校 | 0.860 | 0.486 | 0.120 | 0.468 | 0.540 | 0.451 |
| | 23 号校 | 0.850 | 0.538 | 0.220 | 0.488 | 0.620 | 0.475 |
| 二类校 | 24 号校 | 0.820 | 0.645 | 0.180 | 0.634 | 0.570 | 0.614 |
| | 25 号校 | 0.620 | 0.503 | −0.060 | 0.423 | 0.350 | 0.420 |
| | 26 号校 | 1.030 | 0.577 | 0.420 | 0.524 | 0.810 | 0.511 |
| | 27 号校 | 0.430 | 0.630 | −0.310 | 0.601 | 0.110 | 0.577 |
| 三类校 | 28 号校 | −0.020 | 0.691 | −0.590 | 0.601 | −0.180 | 0.595 |
| | 29 号校 | 0.380 | 0.638 | −0.210 | 0.570 | 0.190 | 0.556 |
| | 30 号校 | −0.070 | 0.431 | −0.610 | 0.393 | −0.220 | 0.380 |
| | 31 号校 | 0.560 | 0.510 | −0.090 | 0.405 | 0.310 | 0.406 |
| C 区总样本 | | 0.740 | 0.642 | 0.080 | 0.596 | 0.490 | 0.582 |

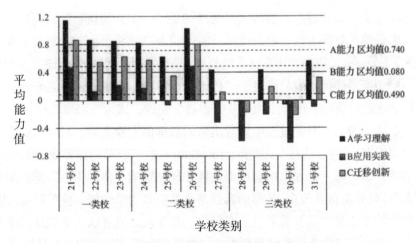

图 3-7　C 区各校高中样本英语学科一级能力均值

表 3-9、图 3-7 呈现了 C 区各测试校学生英语学科一级能力均值情况。在 A 学习理解能力上，区域均值为 0.740，一、二类校中除了 25 号校和 27 号校之外均高于区均值；四所三类校均低于区均值。在 B 应用实践能力上，区域均值为 0.080，各学校与区均值的相对差异与 A 能力情况趋同。在 C 迁移创新能力上，区域均值为 0.490，各学校与区均值的相对差异与 A、B 能力情况趋同。

从上述英语学科能力测试在某市 C 区、F 区和 H 区实施的结果来看，C 区高中学生英语学科总能力表现情况表明参加测评的各类别学校之间存在显著的、与学校层次相符的差异，其中一、二类校在 12 年级拉开较大差距，而二、三类校主要在 10 年级和 11 年级具有较明显差距，二类校 12 年级样本的能力表现优势不再凸显。C 区各类学校一级能力指标的总体表现情况：在 A 学习理解能力上，区域均值为 0.740，一、二类校中除了 25 号校和 27 号校之外均高于区均值，四所三类校均低于区均值；在 B 应用实践能力上，区域均值为 0.080，各学校与区均值的相对差异与 A 能力情况趋同；在 C 迁移创新能力上，区域均值为 0.490，各学校与区均值的相对差异与 A、B 能力情况趋同。此外，F 区和 H 区 7 至 12 年级学生英语学科能力表现的均值居于水平 3，H 区英语学科能力水平较高的中学生要多于 F 区；两区一类校、二类校各自均值居于水平 3，三类校、四类校均值居于水平 2，两区高中学段学生的学科能力水平的差距比初中学段的差距明显拉大。

# 第二节　学生英语学科能力的提升策略

以往的英语课堂教学，教师大多演绎的是"一个人的精彩"，现如今英语教学要求教师在教学方法上进行改革，教师也要"改头换面"，重塑形象。洛扎诺夫（Lozanov）说："所有优秀的教师都是激励者、促进者、辅助者和协调者。"中学英语教师不应只满足于"传道授业解惑"，更要做一名学者，走在学科教学理论的前沿，用理论指导并完善教学实践，成为专家型教师。

"学高为师"，教学过程中展现出来的教师的专业素养，对学生的影响如春雨润物无声；"身正为范"，加里宁（Kalinin）说："教师的世界观，他的品行，他的生活，他对每一种现象的态度都这样那样地影响全体学生。"学校里的事不分大小，处处蕴含着教育，教师的言谈举止都应该为学生树立模范形象。因此，提升教师的专业素质至关重要且迫在眉睫。鉴于此，笔者认为应该从以下几个方面来实现提高初中英语教师教育素养，提升学生英语学科能力的目标。

### 一、完善教师评价语言，树立学生学习英语的信心

首先，教师对学生的评价要保护学生的自尊心，随时且及时。评价时要以表扬为主，肯定学生的优点，再肯定由良好的学习状态获得的好的结果。尽量少批评，即使批评，也要以"关爱"为出发点，在认同他某一方面之后适度进行"指正错误"。例如，在课堂上经常会有成绩不好的学生抢着回答问题，然而给出的答案往往是错误的，但作为教者，不能盲目否定学生的答案，可以在他回答后指出："你积极的学习态度值得大家学习，如果能认真思考，回答正确就更好了。"这样既指出了学生的不足又保护了学生的自尊心。同时，也一定要注意评价科学适度的问题。如果学生课堂表现优异，就以 wonderful、perfect 等加以表扬。这样学生会产生被认同感，他自己也会在被评价中产生自豪感、荣誉感和成就感，从而提升学习英语的动力。

其次，教师应允许学生各抒己见，鼓励求异精神。对于持不同见解和态度的学生一定不要急躁，切忌随意使用"错误""不可以"等评价词语，要认真倾听学生陈述自己的想法和理由，也鼓励其他学生对他进行评价，教师再把对学生的评价及自己的想法说出来。如果课堂时间不允许，也应该在课后对学生"有所交代"，切勿对学生全盘否定且不做任何"安抚"。否则，长此以往，对学生学习的积极性是一种打击。

再次，鼓励学生互评，引导学生积极参与评价活动。教学中要充分地体现学生的主体地位，那么除了让他们多多表达自己的见解外，还更要注重学生之间的互评。评价的角度与内容，都能彰显评价者的思想态度，一方面锻炼了评价者的思维、表达能力，另一方面对被评价的同学而言，同学的评价更易于接受和引起重视，所以，这样的"输出"所起到的作用会更加显著。长时间采用生生互评方式，会让学生慢慢地产生学习英语的兴趣，学生之间取长补短，共同进步。学生之间互评会让学生积极主动地去思考，丰富了课堂评价标准，锻炼了学生自主学习的能力，拓展了学生的思维。

### 二、提升英语教师专业技能，促进学生语言技能的提高

教师的教育观念应与时俱进，为英语教学、学科发展创设一切可能的条件。在我们倡导的以学生为中心的课堂教学中，只有真正以学生为出发点，让学生真正成为课堂的主人，才能促进学生的技能提高。初中英语教学的主要任务是向学生传授基础知识，对学生进行听、说、读、写等方面的语言技能训练。这就要求教师必须具备较高的专业知识水平，如语音、语义、词汇、语法、听力、

朗读、翻译等，来满足初中英语课堂教学的要求。中学生善于模仿，所以英语教师要具备纯正的语音、语调，成为学生的优质模仿对象，为学生的英语学习打下坚实的基础。"听"能汲取新知，增长见识。但日常教学中很少有利于学生学习英语的环境和氛围，所以只能凭借互联网、影视、广播等媒介渲染学习的气氛，创造学习的机会。因此，教师可以建议学生利用课余时间听英语歌曲或者看英、美影视剧，从而锻炼口语和听力，提升语感。或者可以鼓励学生多参加高校的英语沙龙，与外籍英语教师多交流。教师应尽量避免习惯性的汉语表达与授课，尽量多地在课堂中运用英语来进行教学，比如在教学时使用 Let's start now. Any volunteers？ Good job！ Don't be shy！ Just try！ come on！ 等课堂常用语。如果能做到这一点，对于英语教师口语表达与口语教学的提高都有巨大的帮助。集体备课时，也可鼓励教师实现英语化，大家共同练习、交流，发现生活中必须用到的细节表达，使课堂常用语变得更全面，从而也能达到共同进步的目的。如果一位英语教师在生活中用英语交流如用汉语般纯熟，那么他在教学上的收获也一定是丰厚的。

## 三、教师应采用多样化的教学方法，激发学生的学习兴趣

兴趣是最好的老师，初中英语应该以激发学生的学习兴趣、夯实基础、掌握科学的学习方法为教学目标。因此，课堂上教师应该注重发挥学生的主体作用，调动学生的主观能动性，激发学习热情，发掘学生学习英语的有益动机。每个学生都有自己的特点，根据学生的个体性差异，教师应因材施教，但要坚持符合中学生的心理、认知程度及心理特点的原则，通过英语演讲、英文歌曲演唱、话剧表演等形式，调动学习积极性，激发学习兴趣，让每一个孩子在英语学习过程中都能将自己的潜能发挥得淋漓尽致。

作为一名英语教师，要不断地研究和探索教学方法，积累经验，努力形成富有特色、个性的教学风格。激发学生学习兴趣是英语课堂上不可或缺的因素，这是每一位一线英语教师应该深入研究的课题。"愉快的课堂能够调动起学生的学习兴趣。"为此，每次进入课堂教师都应以饱满的精神状态、亲切的目光、愉悦的神态与学生交流。或者，课前导入部分，可以根据课文内容让学生讲一个有趣的小故事，并根据内容提出一两个问题，从而活跃气氛，激发学生兴趣。在八年级上册 Unit9 听说课中，有的英语教师用一首学生喜欢的英文歌导入，鼓励学生边听边唱，很好地调动起了学生的学习热情。A good beginning is half done. "良好的开端是成功的一半。"在教学中，教师如果照搬课本，学生会认为很单一无聊，自然失去了学习的兴趣。有的英语教师善于利用学生喜爱的多

媒体，下载他们感兴趣的视频或图片，在引课环节中通过播放一个小孩唱歌的视频，通过孩子稚嫩的声调，吸引学生的注意力，然后让学生总结小孩说的内容，从而引出与当堂课有关的话题。

授课的过程中，有些教师特别注重创设情境，让学生在情境中学习，避免生硬刻板的教学，让学生多参与而不是旁观。在听力环节中，很多英语教师进行了小组比赛，限定时间让学生尽可能多地记住所学内容，然后通过回答问题的方式进行比赛。全班同学积极参与，课堂状态融洽和谐，每个孩子都得以展示自己，这令他们很有满足感。接下来的小组合作编写对话，每个学生都参与其中，分角色表演对话，最后又串组进行交流，收效甚大。

另外，好的课堂不仅需要完美的开端，也应有一个完美的结尾。笔者注意到，一位有经验的教师选了一个平日不爱发言，英语成绩刚刚及格的学生对今日所学内容进行小结，令大家吃惊的是她总结得竟那样全面且精细。这节课教师尽量满足不同层次学生的"成功欲"，设计不同角度、不同层次的问题，使每个学生在课堂上都能体会到成功的喜悦。正是因为如此精心的准备、大胆的尝试使得全班同学都能够主动参与、学习与探究。笔者认为这是一次成功的教学经历，更是今后教师形成自己教学特色的良好开端。

我们还可以在校园中广泛开展吟唱英语歌谣、讲述英语故事、演绎经典话剧、翻唱英文歌曲等形式的学科活动，为学生提供展示平台及竞赛场地，这样一方面可以激发学生的学习热情，另一方面也丰富了孩子们的课余生活、开阔了孩子们的视野。近几年，许多学校也将国外一些节日引入班级、引入校园。例如，西方国家的万圣节、圣诞节等。学校为学生们搭建平台，营造英语文化氛围，学生在参与的过程既锻炼了语言技能，也加强了同学间、师生间的交流，丰富了校园文化生活。一些乐于参与的家长也来参加，看到学校丰富多彩的校园文化，看到孩子们活动中的真情流露，家长们乐在其中，这也进一步增进了家校的交流，提高了校园生活的社会认可度。

## 四、教师多方学习促发展，学生开阔视野利成长

初中英语教学要科学化，要符合英语教学规律。英语教师要做到：掌握最先进的教学理论，深刻认识到英语教学的特殊性，灵活运用教学方法；了解我国外语教学的教学模式，如规范教学过程的教学模式、知识技能教学模式、听说读写模式、整体教学模式、启导式教学模式、交际性教学模式等等；了解我国外语教学的新动向，如在建构理论指导下的多媒体辅助外语教学；了解我国

外语教学的最新成果；了解新课程改革的一些基本理念，掌握《英语课程标准（实验稿）》等等。

初中教师由于教学任务重，教学压力大，因此平时的阅读量较小，导致信息量不足，视野不宽，大多时候在经营自己的一块地，没有提升自我素养的意识。所以，学校应帮助教师利用各种资源提升自我。

首先，可利用各种媒体，尤其是网络教学的优势，搜集各种信息，开展研讨。以全体英语学科教师为团队，以各个年级组为集合，有目标、有计划、有层次、有组织地建立"资源库"，将教案、配套习题、相关课件、拓展资料、辅助短片等学科相关信息进行汇总，资源共享，经过全体评议、筛选之后"去粗取精"。广而精的资源库建立初期一定会耗时耗力，但一旦建立势必能提高英语教师的整体专业素质与授课水平，减少了"独立作战"的"无用功"，而且大家可以在建立起的平台上相互学习探讨，或集思广益，或各抒己见，以激发出更多有效的教学方法，只有当教师在专业知识上游刃有余时，才能更好地在英语课堂上展现特色风采。

其次，可以广泛开展教师读书报告会、网络学习经验交流会等，鼓励教师不断汲取新知，进行交流、分析和评价，逐渐浓缩、积淀成自己的专业知识。每一个初登工作岗位的年轻教师都有一腔奋发向上、不断进取的热血，但往往随着教学任务的日益繁重、教学经验的逐步丰实，惰性与日俱增，再也提不起读书的热情，而开展读书报告会活动，可以促进教师阅读经典书籍，集体性阅读大潮能激发多数教者的阅读兴趣；网络学习交流会也可以为交流、研讨提供共性话题，使得大家有的放矢。因此，有效的阅读、评价机制，不仅能适度地对教师的专业技能起到巩固发展的作用，还能从根本上"充电"，激荡起"活水之源"。

再次，以国际化、全球化的知识方向引领教师的专业知识。初中英语教师作为国际语言的传播者一定要不断提升自己的专业素养，这样才能与国际教学模式接轨。多关心时事变化、关注外国文化、搜集并整理热门词语及相关话题等，第一时间捕捉最新资讯，并将相关动向与信息有选择性地传递给受教育者，使其也站在时代思潮的最前沿。

**五、通过反思教育教学案例，提高教师的学科素养**

具有反思能力的教师才会成为教师团队中的佼佼者，很多知名的教育工作者对此体会颇深。美国教育心理学家博斯纳（Bosna）认为：没有反思的教学和经验是狭隘的教学，至多是肤浅的知识。他还提出教师成长的公式：成长 =

经验＋反思。叶澜教授也说过："一个教师写一辈子教案不一定成为名师，如果一个教师写三年的反思可能成为名师。"什么是教学反思？教学反思是教师对自己已完成的教学实践活动有目的地进行审视，做出理性的思考，并指导以后的教学工作。可见，反思是促进教师专业素养提升的动力源。反思类型包括纵向反思、横向反思、个体反思和集体反思等，反思方法有行动研究法、比较法、总结法、对话法、录像法、档案袋法等等。一个英语教师具有反思意识和反思能力与该教师的自我素养提高息息相关。因此，对教师自我发展的反思是一个极其关键的命题，这也是反思教学的宗旨。所以要鼓励教师不断反思，从自身素质、教学能力与专业水平等各个方面分析自己的长处、短处，以便发扬优点，克服缺点，使教学水平不断提高。教学反思要求教师每次上完课后，都能及时地总结这堂课的优点与不足，教学目标是否实现、教学重难点是否突破、问题设置是否合理、教学方法是否得当、板书设计是否有条理且突出重点、学生掌握程度如何等，每周或每月撰写反思报告。在此基础上进行归纳和整理，并听取其他教师的意见和建议。这样的反思能拓宽教师的教学思路，完善自己的教学过程和行为，同时也在寻找改进方法的过程中不断提升自己的专业素养，从而促使教师不断成长，专业知识不断完善。

教师的教育素养对学生学科能力的提升极为重要。如果想让教师在工作中愉悦自己，那么就一定要提升教师的专业素养，引导教师走上研究、反思、整改这条道路，收获着、进步着的成功感才能让一个人的灵魂收获快乐。这样我们既在愉悦着自己，也为我们的教育对象的成长进步提供了基础保证。

总之，当前教育体制下的初中英语教师必须在一定的文化构建下提升自己的专业素养。以往传统的以传授相关学科知识＋教学法为基础的英语教师已经不能跟上时代的步伐，他们的知识是狭隘的，他们无法适应新课改的要求。因此，每一位教师必须调整、反思自己的教学理念和教学方式方法，以科学、创新来鞭策自己，引领自己丰富的学科知识；在合作共享和实践反思中构建新型的专业素养文化，以教师专业素养的提升来促进学生能力的提高。

# 第四章  学生学科能力表现的主要影响因素

## 第一节  学科能力表现的影响因素的理论分析

相关调查数据显示，学科能力表现具有不同的水平层级。相同年级的同一学生群体，其学科能力表现也具有不同的水平层级，且呈现学科差异。另外，不同学科总体能力表现的平均水平没有等级差异，但是不同能力维度（学习理解、应用实践和迁移创新）表现的平均水平呈现出等级差异，同一学科在不同能力维度上的表现水平也具有等级差异。学生完成学习理解类活动任务的能力表现要好于应用实践类活动任务，而完成应用实践类活动任务的能力表现要好于迁移创新类活动任务。面对熟悉的问题情境，学生的能力表现要好于简单的不熟悉的问题情境；而面对陌生的复杂的问题情境学生的能力表现是最不理想的。

我们可以利用学科能力发展及其表现水平的进阶变量对上述研究结果进行分析。

学生学科能力表现的差异，表明其能力发展水平不同。这主要反映在能够顺利进行的学科能力活动类型的不同，不同类型的学科活动对于能力的要求不同。所以本研究所提出的 3×3 能力要素既代表不同类型的学科能力，也反映着学科能力的不同水平。

学生学科能力表现的差异，还表明完成同类能力活动的水平不同，实质上是完成相应能力活动的认识角度、认识思路和认识方式类型的不同，即所谓的认识方式水平和素养内涵的不同。而学科认识方式（或学科素养水平）的不同，反映了相关陈述性知识和程序性经验的学习理解、应用实践和迁移创新水平。首先，有无学习过具有重要认识角度的知识。其次，知识经验是否功能化，即从具体性和事实性知识到核心概念和观念，从具体活动经验到程序性和策略性知识，即知识的结构化、观念化和经验的图式化程度。再次，当问题情境是熟悉的或是有直接提示时，学生可以依赖知识经验的回忆直接对应问题，不需要自主调用认识角度，一般能力表现较好，或者说是需要较低水平的能力就可以顺利完成。而比较陌生且间接的问题情境，没有认识角度的提示，需要学生能够自觉主动地调用认识角度，完成同类型能力活动的难度就会增大，或是对学生能力水平要求更高。如果是复杂综合的问题情境，且没有提示认识角度，需要学生能够自觉主动地调用多种认识角度且运行多步复杂推理，这就对应迁移创新的学科能力，也就是学科能力的高水平。

另外，本研究拟对学生的学科能力表现的影响因素进行较为全面的探索和分析。因此在设计各影响因素的调查工具时，首先基于大量的文献分析，从中梳理对学生学业成就有重要影响的各因素变量，并将其归类，然后基于不同的学科，将各影响因素变量从学生感知的角度具体化。开发的调查工具中包含的调查因素变量有学生因素、教师因素、家庭因素、学校因素四大类。

学生因素重点关注学生的非智力因素与元认知（自我效能感、动机水平、情感态度、元认知）、认知活动（学习理解、应用实践、迁移创新）、资源管理活动（寻求他人支持、充分利用时间、物质资源利用）以及学生的个人特质（性别和性格）。教师因素重点关注教师的教学活动任务设计（学习理解类任务设计、应用实践类任务设计、迁移创新类任务设计）的因素变量，同时也调查了教师的教龄、学历和性别等教师个人特质变量。家庭因素和学校因素分别基于文献分析选择研究者普遍认为对学生的学业成就有重要影响的因素，列入学科能力影响因素研究。家庭因素主要包括家庭社会经济地位（父母受教育程度、父母的职业、家庭收入）、家庭资源（独立的学习房间和学习桌、与英语有关的课外读本）、家庭社会资本（父母的期望、父母参加学校活动、了解子女的学习过程）。学校因素包括学校资源、学校校风和同伴支持。学校资源包括：多媒体设备、图书馆中英语课外读本的数量，学校校风包括：积极向上、尊师爱生、秩序井然。

以英语学科为例，对各级变量的拆解和说明如表 4-1 所示。

表 4-1　英语学科能力影响因素变量拆解与说明

| 因素类别 | 二级变量 | 三级变量 |
|---|---|---|
| 学生因素 | 个人特质 | 包括：性别和性格 |
| | 非智力因素与元认知 | 自我效能感 |
| | | 动机水平 |
| | | 情感态度 |
| | | 元认知 |
| | 认知活动 | 学习理解（包括：观察与注意、记忆与检索、提取信息、概括） |
| | | 应用实践（包括：解释意义、描述对象、分析因果、论证观点和整合信息） |
| | | 迁移创新（包括：推理判断、预测想象和批判评价） |
| | 资源管理活动 | 寻求他人支持 |
| | | 充分利用时间 |
| | | 物质资源利用 |
| 家庭因素 | 家庭社会经济地位 | 包括：父母受教育程度、父母的职业、家庭收入 |
| | 家庭资源 | 包括：独立的学习房间和学习桌、与英语有关的课外读本 |
| | 家庭社会资本 | 包括：父母的期望、父母参加学校活动、了解子女的学习过程 |
| 学校因素 | 学校资源 | 包括：多媒体设备、图书馆中英语课外读本的数量 |
| | 学校校风 | 包括：积极向上、尊师爱生、秩序井然 |
| 教师因素 | 教师个人特质 | 包括：教龄、学历和性别 |
| | 教学活动任务设计 | 学习理解类任务设计 |
| | | 应用实践类任务设计 |
| | | 迁移创新类任务设计 |
| 其他因素 | 每周课时数、课外学习时间、课外辅导时间、作业量、作业难度 | |

上述这些学科能力表现的内外水平变量和影响因素对于分析和评价学生的学科能力的水平层级非常有意义，对于教师设计课程、调控和改进教学方式也具有重要的参考价值。

# 第二节　测查工具的设计

测查工具大致分为心理测验、客观性的考试，如面试、无领导小组讨论、角色扮演、工作模拟等评价方式。合理运用科学的测评工具，是客观了解自己的一个重要途径。

本研究测查工具的问题设计主要是从学生能够感知的视角，选择相对外显的和能够被学生感知到的学习或教学表述，来代表各因素变量的情况。其中对学习动机测查工具的设计是基于 IRT 理论 Rasch 模型，对英语学习动机水平量表的质量进行一系列检验，包括量表总体情况分析、单维性检验、项目 measure 值、气泡图、项目特征曲线等。检验结果表明，英语学习动机水平量表比较理想，符合测查工具的基本要求，可以用于英语学习动机水平的测查研究。

其他因素变量测查工具的修订和质量评价主要有以下过程：首先通过专家效度和分维度克隆巴赫 α 信度（Cronbach's Alpha）分析对各变量测查项目进行初步筛选；继而对筛选出的项目进行因子分析，因子分析可以确定测查工具能够测量到的理念或特质的程度；同时对测查工具建构效度做较为严格的检验，即通过因素分析可以明确研究中所列题项是否能够测量出研究者想要测量的变量。本研究基于试测对各观察变量进行因素分析后，确定最终列入实际测查及结果分析的题项。经过两轮试测及修订，英语学习活动系统各因素变量具体的测试题项分布如表 4-2 所示。

表4-2　各因素变量测查工具的总体情况

| 二级因素变量 | 三级因素变量 | 题项（总框架序号） | 题项（A卷序号） | 因子负荷 | Cronbach's Alpha 值 |
|---|---|---|---|---|---|
| 非智力因素与元认知 | 自我效能感 | q22—26 | Q30；Q26；Q27；Q35；Q29 | 0.750—0.898 | 0.911 |
| | 动机水平 | q34—57 | Q37；Q38；Q40；Q41；Q42；Q43；Q39；Q44；Q28；Q49；Q47；Q48；Q46；Q50；Q51；Q52；Q53；Q54；Q55；Q56；Q57；Q58；Q59；Q60 | | 0.944题项信度 1.000 考生信度0.880 单维 Rasch |
| | 情感态度 | q58—67 | Q61；Q62；Q63；Q64；Q65；Q66；Q68；Q69；Q70 | 0.462—0.833 | 0.798 |
| | 元认知 | q86—97 | Q89；Q90；Q91；Q92；Q93；Q94；Q95；Q96；Q97；Q98；Q99；Q100 | 0.776—0.861 | 0.957 |
| 认知活动 | 学习理解活动（观察与注意；记忆与检索；提取信息；概括） | q68—72 | Q71；Q72；Q73；Q74；Q75 | 0.862—0.896 | 0.971 |
| | 应用实践活动（解释意义；描述对象；分析因果；论证观点；整合信息） | q73—82 | Q76；Q77；Q78；Q79；Q80；Q81；Q82；Q83；Q84；Q85 | 0.663—0.882 | |
| | 迁移创新活动（推理判断；预测想象；批判评价） | q83—85 | Q86；Q87；Q88 | 0.891—0.920 | |
| 资源管理活动 | 寻求他人支持 | q98—100 | Q101；Q102；Q103 | | 0.937 |
| | 充分利用时间 | q101—104 | Q104；Q105；Q106；Q107 | 0.461—0.869 | |
| | 物质资源利用 | q105—108 | Q108；Q109；Q110；Q111 | | |

续表

| 二级因素变量 | 三级因素变量 | 题项（总框架序号） | 题项（A卷序号） | 因子负荷 | Cronbach's Alpha 值 |
|---|---|---|---|---|---|
| 教学活动 | 学习理解类教学活动 | q146—151 | Q128；Q129；Q130；Q131；Q132；Q133 | 0.764—0.867 | 0.944 |
| | 应用实践类教学活动 | q152—161 | Q134；Q135；Q136；Q137；Q138；Q139；Q140；Q141；Q142；Q143 | 0.646—0.808 | |
| | 迁移创新类教学活动 | q162—164 | Q144；Q145；Q146 | 0.835—0.896 | |
| 师生关系 | 民主、和谐、宽松 | q130—135 | Q112；Q113；Q114；Q116；Q117 | 0.582—0.836 | 0.660 |
| 学校资源 | — | q120—123 | Q153；Q154；Q155；Q156 | 0.677—0.847 | 0.767 |
| 学校校风 | — | q124—126 | Q157；Q158；Q159 | 0.898—0.915 | 0.900 |
| 家庭资源 | — | q114—115 | Q147；Q148 | 0.818 | 0.495 |
| 家庭社会资本 | — | q116—119 | Q149；Q150；Q151；Q152 | 0.737—0.770 | 0.750 |
| 其他因素变量 | 每周课时数、课外学习时间、课外辅导时间、作业量、作业难度 | | | | |

# 第三节　学科能力表现的主要影响因素

本节将分别从非智力因素与元认知、认知活动、资源管理活动、教学活动任务设计、家庭因素、学校因素以及其他因素变量方面分别阐述影响学科能力表现的主要因素。

## 一、非智力因素与元认知

### （一）学习动机

学习动机是指引发与维持学生的学习行为，并使之指向一定学业目标的一种动力倾向。它包含学习需要和学习期待两个成分，根据不同标准可以划分为不同类别。不同心理学家从不同角度对学习动机进行了阐释，主要包括强化理论、归因理论、需要层次理论、成就动机理论、自我价值理论、自我效能感理论等。

学习动机水平量表可以通过测查学生学习内驱力的大小来表征其学习动机的水平。由于内驱力是为推动有机体活动以达到满足需要的内部动力，是一个内在的心理变量，无法直接观察和测量，因此，需要通过一定的外化手段使之显现。内驱力由诱因引发，并具有转化成外显行为的可能性。因此，学生学习内驱力的大小可以通过学生的学习行为（学习策略）来体现。学习动机中内驱力的大小不同，其产生的学习外显行为也会不同。一般来说，学习内驱力强度大，学生往往会采取主动、积极的学习行为，且通常持续时间较长，反之，如果学生的学习内驱力强度小，学生通常会采取消极被动的学习行为。基于此，本课题构建了包括消极、被动、主动、积极、创造性5个动机水平的学习动机水平层级，根据这一理论层级结合具体学段的学习实际情况，描述学生在各学段学习的行为表现，具体化为各学段的学习动机水平量表。课题组开发的英语学习动机水平测查表如表4-3所示。

表4-3 修订后的英语学习动机水平测查项目

| 英语学习动机<br>水平层级 | 对应测查项目 |
| --- | --- |
| 水平1：<br>消极的英语学习 | 1. 一提起英语我就头痛，不管谁要求或劝说，我都不愿意学英语<br>2. 我在英语课堂上不听老师讲课，而是学习其他科目或睡觉 |
| 水平2：<br>被动的英语学习 | 3. 对于英语这门课，我只完成老师布置的作业<br>4. 我觉得英语课并不是很有趣，因此我对自己的要求是做到及格就行<br>5. 在英语课堂讨论活动中，我不愿意主动思考和参与讨论，只等着大家的讨论结果<br>6. 课下我很少主动学习英语<br>7. 我不愿意在英语学习上花额外的时间 |
| 水平3：<br>主动的英语学习 | 8. 当英语与其他学科或活动的时间有冲突时，我会放弃学习英语<br>9. 在英语课堂讨论活动中，我能提出自己的观点<br>10. 当我在英语学习中遇到问题时，我会寻找相关资料来帮助我解决<br>11. 当弄不清楚一个英文语句或读不懂一篇短文的意思时，我会找老师或同学来讨论，并表明我的想法<br>12. 我带着我想弄明白的问题进入英语课堂<br>13. 我会自己定期归纳、整理以前学过的英语知识 |

| 英语学习动机<br>水平层级 | 对应测查项目 |
|---|---|
| 水平4：<br>积极的英语学习 | 14. 我使用一些学习方法以学好英语<br>15. 我主动投入很多时间学习英语<br>16. 我自己总结了一套比较有效的英语学习策略和方法<br>17. 我花费很多业余时间去学习英语，例如阅读英语读物<br>18. 我学习英语和准备考试很有计划性，并且能够按照计划执行<br>19. 我经常反思英语学习中存在的问题 |
| 水平5：<br>创造性的<br>英语学习 | 20. 我很善于创造性评价文本中的主要观点<br>21. 我在英语学习中能对一些表达、分析和观点提出自己的见解<br>22. 我为将来能成为英语人才不懈努力地学习英语<br>23. 我用所学的英语知识撰写日志或者小作品<br>24. 我自修更高阶段的英语课程内容，如高中生自修大学英语 |

### （二）自我效能感

自我效能感（Self-efficacy）指个体对自己是否有能力完成某一行为所进行的推测与判断。班杜拉（Bandula）对自我效能感的定义是指"人们对自身能否利用所拥有的技能去完成某项工作行为的自信程度"。该概念被提出以后，心理学、社会学和组织行为学领域开始对此进行大量的研究。班杜拉认为，由于不同活动领域之间的差异性，所需要的能力、技能也千差万别。一个人在不同的领域中，其自我效能感是不同的。因此，并不存在一般的自我效能感。任何时候讨论自我效能感，都是指与特定领域相联系的自我效能感。

学科自我效能感的测查项目主要是在一般自我效能感量表的基础上，结合各学科的学习任务类型和基本要求改编而成的。如学生在英语学科学习中的自我效能测查项目包括：我相信我能掌握英语知识和有关技能；不论英语内容简单或困难，我都有把握能够学会；我能冷静地面对英语难题，因为我相信自己解决英语问题的能力；我自信我会在英语阅读方面做得很好；如果我付出必要的努力，我一定能解决大多数的英语难题等。

### （三）情感态度

情感态度是个体对特定对象（人、观念、情感或者事件等）所持有的稳定的心理倾向。这种心理倾向蕴含着个体的主观评价以及由此产生的行为倾向性。

本课题主要根据各学科课程目标对情感态度的要求开发情感态度因素变量相应的测查项目。如：我对英语这门学科很好奇；英语课程很有趣；英语是一门简单的学科，我相信我能学好英语；英语学习能帮助我们将来从事国际交流领域的工作；掌握英语能大大开阔我们的视野；我目前所学的英语知识和技能在毕业后基本没有任何用途；我认为英语很难学；与英语相关的专业对我来说缺少吸引力；我认为学习英语对我们的日常生活是有帮助的。

### （四）元认知

元认知是美国心理学家弗拉维尔（J.H·Flavel）提出的概念，即对认知的认知。例如，学生在学习中，一方面进行着各种认知活动（感知、记忆、思维等），另一方面又要对自己的各种认知活动进行积极的监控和调节，这种对自己的感知、记忆、思维等认知活动本身的再感知、再记忆、再思维就称为元认知。元认知主要包括元认知知识、元认知体验、元认知监控等成分。

元认知在学生的学习中具有两个方面的重要作用：其一是意识性，就是使学生能够清楚自己正在做什么、做得好不好、目前进展怎样；其二是调控性，就是使学生能够随时根据自己对认知活动的相关认知，不断进行相应的调控和完善，从而使自己的认知活动能够有效地时时指向目标，不断接近目标并最终达成目标。

一般元认知包括计划、监控和调节三个方面。各学生在各学科学习中的元认知一般也包括这三个方面。以英语学科为例，制定英语学习计划或准备考试计划，属于元认知计划；经常检视自己的英语学习情况、及时总结分析英语学习中的障碍点、经常反思英语学习中存在的问题等属于元认知监控；及时解决英语学习中存在的问题，及时调整英语学习方法等属于元认知调节。

### 二、认知活动

认知，是指人们获得知识或应用知识的过程，或信息加工的过程，这是人的最基本的心理过程。它包括感觉、知觉、记忆、思维、想象和语言等。人脑接受外界输入的信息，经过头脑的加工处理，转换成内在的心理活动，进而支配人的行为，这个过程就是信息加工的过程，也就是认知过程。

认知活动指的是学生在学习中，获得有关的知识、技能、方法、能力等的过程或一系列活动。认知活动根据不同的思维层次或认知复杂程度可以分为不同的类型和水平。本研究根据王磊教授提出的各学科学生学习过程中都会进行的认知活动对认知活动进行描述，包括学习理解活动、应用实践活动以及迁移创新活动三个大类。不同的学科可以根据各自学科的不同特点，对这三类认知活动进行进一步的具体描述。在英语学科中，我们将这三大类认知活动进一步细分为 12 个小亚类。

对于特定的英语学习内容来说，学习理解活动、应用实践活动、迁移创新活动的水平依次升高。对于不同的英语学习内容，由于其内容本体的难度不同，即使是相同类型的认知活动的难度也略有差异，但总体来说，学习者进行高水平的认知活动频率越高，其英语学业成就的水平也越高。

### 三、资源管理活动

资源管理有六种。人力资源管理，基础设施管理，工作环境管理，财务资源管理，供方和合作伙伴管理，知识信息与技术资源的管理。

资源管理活动虽然不是以英语学习作为直接的作用对象，但却是英语学习的重要辅助和支持活动，因此也是英语学习活动系统的重要构成之一。资源管理活动包括寻求他人支持、充分利用时间以及物质资源的利用等。以英语学科为例，当弄不清楚一个英语概念时，找老师或同学来讨论，请父母或老师帮忙准备英语探究活动的相关资料等属于寻求他人支持；充分利用课外时间拓展自己的英语知识面、主动协调英语与其他课程的学习时间属于时间管理利用；利用网络学习英语，如上网查找解决英语问题的信息或方法等属于物质资源的利用。

### 四、教学活动任务设计

教学活动通常指的是以教学班为单位的课堂教学活动。它是学校教学工作的基本形式。教学活动是一个完整的教学系统，它是由一个个相互联系、前后衔接的环节构成的。教学活动是为了激发学生学习的内部过程，如何设计安排教学活动任务才能有效地帮助学生达成预期的学习目标，是教师教学设计要重点考虑的核心问题。建构主义学习理论认为，教师是学生学习团队中的一员，其任务主要是为学生的学习提供支持，这也是本研究理论构建的一个方面。因此，本研究中教师的英语教学活动任务设计主要是指教师为驱动学生的英语认知活动而设计的一系列任务。我们认为，教师在英语教学中设计的教学活动任务对学生英语学习中的认知活动具有较为直接的推动作用。教师想让学生在英语课堂中进行什么样的认知活动，就需要设计相应类型的教学活动任务。因此，本研究中对英语教学活动任务的设计这一变量从三个方面进行表征：其一是学习理解类任务，其二是应用实践类任务，其三是迁移创新类任务。上述三类教学活动任务的设计意在驱动学生进行三类英语认知活动。

### 五、家庭因素

学生的学习固然主要发生在学校中，但家庭也是学生学习期间的重要活动场所，因此家庭的支持对学生在校学习效果也会产生影响。在研究中，我们选择已有研究普遍认可的对学生学业成就有显著正向影响的因素进行研究，主要包括家庭社会经济地位（父母受教育程度、父母的职业、家庭收入）、家庭资源（独立的学习房间和学习桌、与英语有关的课外读本）、家庭社会资本（父母的期望、父母参加学校活动、了解子女的学习过程）。

家庭社会经济地位变量通过学生父母的受教育程度以及家庭收入情况来反映。父母的受教育程度包括没有上过学、小学文化、初中文化、高中（职高）、大专毕业、本科毕业、研究生毕业七个水平，分别计 1—7 分，受教育程度越高，计分越高。家庭收入情况以父母月收入之和来计算，分为 20 000 以上、10 000～20 000、5 000～10 000、3 000～5 000、3 000 以下 5 个水平，分别计 5—1 分，收入越高，计分越高。

### 六、学校因素

有研究者将教师作为学校因素系统的一个子因素，但是，我们认为教师因素与学校因素系统中的其他因素相比，与学生学科能力的关系更为直接和密切，且与具体学科联系紧密，具有一定的学科特质，因此我们将教师因素单独拿出来，作为教师支持因素。本研究中所指的学校支持因素主要包括学校资源、学校校风两个方面，这两个方面在已有研究中被普遍认为对学生学业成就有显著影响。如在英语学科能力影响因素问卷中，学校资源包括多媒体设备、图书馆中英语课外读本的数量，学校校风包括积极向上、尊师爱生、秩序井然。

### 七、其他因素变量

本研究中还涉及每周课时数、课外学习时间、课外辅导时间、作业量、作业难度等因素变量。测试卷中具体题项如：你每周上几节英语课？你平均每天课外完成英语作业的时间有多久？英语作业的难易情况；你每天课外主动学习有关英语内容的时间有多久？你每周家教补习英语或参加课外英语辅导班的时间大概有多久？

## 第四节 主要影响因素的表现现状

中学教育的宗旨是培养学生的人文素养和科学素养。学科能力是人文素养和科学素养的核心构成，以学习能力、实践能力、创新能力为导向的核心学科能力研究具有重要的理论意义和现实意义。我们以前文学科能力的内涵和构成研究为基础，建立学科能力表现的指标体系，研发相应的测查工具，先调查研究我国中学生学科能力的影响因素，进而研究中学生学科能力影响因素的表现现状。

本次调查样本来自某市 H 区和 F 区，选取了包括初中和高中共六个年级的学生样本。样本选择同时考虑从各区分别选择不同类型的学校代表，并从各学校中根据学生能力水平情况抽取一定比例的学生样本。根据研究目的选定抽取的样本后，采取以学校年级为单位进行集中测试的方法，课题组向施测组织者说明施测要求，施测时监考教师向学生说明注意事项，测试时间为 30 分钟。F 区回收问卷 2 315 份，有效问卷 1 763 份，有效率 76.2%。H 区回收问卷 2 491 份，有效问卷 1 786 份，有效率 71.7%。

在影响因素分析方法上，采用相关分析法、回归分析法和方差分析法，得出具体主要影响因素的表现现状。

通过相关分析可以看出，研究中考查的绝大多数因素变量与英语学科能力呈显著的正相关关系，包括学生的非智力因素、学生的英语认知活动、资源管理活动、教师的教学活动设计因素。研究发现与英语学科能力没有显著相关关系的因素变量有作业难度和每天完成作业时间。另外，研究还发现，高一年级英语课外辅导时间和主动学习时间均与其英语学科总能力及各项分能力呈负相关关系，这表明随意增加学习时间和课外辅导时间等不但对提升学生的英语学科能力没有帮助，反而会阻碍其英语学科能力的提升。因此，这些因素变量需要一线教师特别关注。

通过结构方程模型以及回归分析可以发现，学生的非智力因素中的情感态度和认知活动中的应用实践认知活动对其英语学科能力的影响较大，且在现有影响因素变量系统中，对学生的英语学科能力有显著的直接影响。

## 一、学生总样本非智力因素与元认知表现

对 H 区、F 区的有效学生样本的动机水平、情感态度、自我效能感三类非智力因素和元认知的表现情况分析如表 4-4 所示。

表 4-4　各区总样本非智力因素与元认知表现情况

| 非智力因素与元认知 | H 区 | F 区 | 总平均 |
| --- | --- | --- | --- |
| 动机水平 | 0.963 | 0.501 | 0.732 |
| 情感态度 | 3.710 | 3.493 | 3.602 |

续表

| 非智力因素与元认知 | H 区 | F 区 | 总平均 |
|---|---|---|---|
| 自我效能感 | 3.964 | 3.590 | 3.777 |
| 元认知 | 3.799 | 3.470 | 3.635 |

进一步对两区学生样本的三类非智力因素与元认知的表现情况进行差异性检验，结果如表 4-5 所示。

表 4-5　各区总样本非智力因素与元认知差异显著性情况

| 区域 | 动机水平 | | 情感态度 | | 自我效能感 | | 元认知 | |
|---|---|---|---|---|---|---|---|---|
| | 均值差 | 显著性 | 均值差 | 显著性 | 均值差 | 显著性 | 均值差 | 显著性 |
| H-F | 0.462 | 0.000 | 0.217 | 0.000 | 0.374 | 0.000 | 0.329 | 0.000 |

根据以上图表数据可以看出，两区中，在动机水平、情感态度、自我效能感以及元认知方面，H 区学生的非智力因素和元认知均显著高于 F 区（sig.=0.000，0.000，0.000，0.000）。其中，动机水平的差异性最大，其次为自我效能感、元认知和情感态度。

## 二、学生总样本认知活动频次表现

对 H 区和 F 区的有效学生样本的学习理解、应用实践、迁移创新三类学生认知活动因素的表现情况分析如表 4-6 所示。

表 4-6　各区总样本认知活动表现情况

| 认知活动 | H 区 | F 区 | 总平均 |
|---|---|---|---|
| 学习理解 | 3.819 | 3.494 | 3.657 |
| 应用实践 | 3.874 | 3.555 | 3.715 |
| 迁移创新 | 3.662 | 3.414 | 3.538 |

进一步对两区学生样本的三类认知活动因素的表现情况进行差异性检验，结果如表 4-7 所示。

表 4-7　各区总样本认知活动差异显著性情况

| 区域 | 学习理解 | | 应用实践 | | 迁移创新 | |
|---|---|---|---|---|---|---|
| | 均值差 | 显著性 | 均值差 | 显著性 | 均值差 | 显著性 |
| H 区与 F 区 | 0.325 | 0.000 | 0.319 | 0.000 | 0.248 | 0.000 |

根据以上图表数据可以看出，两区中，无论在学习理解、应用实践以及迁移创新上，H 区学生的认知活动因素均显著高于 F 区学生（sig.=0.000，0.000，0.000，0.000）。其中，学习理解的差异性最大，其次为应用实践和迁移创新。

### 三、学生总样本学生资源管理活动表现

对 H 区、F 区的有效学生样本的寻求他人支持、充分利用时间、物质资源利用三类资源管理活动因素的表现情况分析如表 4-8 所示。

表 4-8    各区总样本学生资源管理活动表现情况

| 资源管理活动 | H 区 | F 区 | 总平均 |
|---|---|---|---|
| 寻求他人支持 | 3.378 | 3.146 | 3.262 |
| 充分利用时间 | 3.750 | 3.362 | 3.556 |
| 物质资源利用 | 3.850 | 3.486 | 3.668 |

进一步对两区学生样本的三类资源管理活动因素的表现情况进行差异性检验，结果如表 4-9 所示。

表 4-9    各区总样本资源管理活动差异显著性情况

| 区域 | 寻求他人支持 | | 充分利用时间 | | 物质资源利用 | |
|---|---|---|---|---|---|---|
| H 区与 F 区 | 均值差 | 显著性 | 均值差 | 显著性 | 均值差 | 显著性 |
| | 0.232 | 0.000 | 0.388 | 0.000 | 0.364 | 0.000 |

根据以上图表数据可以看出，两区中，无论在寻求他人支持、充分利用时间以及物质资源利用上，H 区学生的资源管理活动因素均显著高于 F 区学生（sig.=0.000，0.000，0.000）。其中，充分利用时间的差异性最大，其次为物质资源利用和寻求他人支持。

### 四、学生总样本教师教学活动因素表现

对 H 区、F 区的有效学生样本的学习理解、应用实践、迁移创新三类教师教学活动因素的表现情况分析如表 4-10 所示。

表 4-10    各区总样本教师教学活动表现情况

| 教师教学活动 | H 区 | F 区 | 总平均 |
|---|---|---|---|
| 学习理解 | 4.349 | 4.065 | 4.207 |
| 应用实践 | 4.305 | 3.984 | 4.145 |

续表

| 教师教学活动 | H 区 | F 区 | 总平均 |
|---|---|---|---|
| 迁移创新 | 4.154 | 3.835 | 3.995 |
| 总样本 | 1 786 | 1 763 | — |

进一步对两区学生样本的三类教师教学活动因素的表现情况进行差异性检验，结果如表 4-11 所示。

表 4-11 各区总样本教师教学活动因素差异显著性情况

| 区域 | 学习理解 | | 应用实践 | | 迁移创新 | |
|---|---|---|---|---|---|---|
| | 均值差 | 显著性 | 均值差 | 显著性 | 均值差 | 显著性 |
| H 区与 F 区 | 0.284 | 0.000 | 0.321 | 0.000 | 0.319 | 0.000 |

根据以上图表数据可以看出，两区中，无论在学习理解教学活动、应用实践类教学活动以及迁移创新类教学活动上，H 区教师教学活动因素均显著高于 F 区（sig.=0.000，0.000，0.000）。其中，应用实践类教学活动的差异性最大，其次为迁移创新类教学活动和学习理解类教学活动。

# 第五章　核心素养视角下提升教师专业素养研究

## 第一节　英语教师专业能力的提升

作为一名教师，与学生最直接、最经常的接触和交流是课堂教学，而课堂教学恰恰是最具有明显的学科性和专业性的。作为英语教师，不能只限于教材，要通过对教材的解读，深挖教材内涵、外延和教材相关信息，开阔学生视野，丰富英语学科知识，还要关心英语学科前沿信息的变化，不断丰富自己的专业知识。同时，教师还要具备一定的专业教学技能。教师教育的主要阵地在课堂，英语作为一种语言的教育不能仅仅局限于教材的内容，更重要的是培养和发展学生的听、说、读、写、译等能力。因此，教师的教学重点是"技能"的培养，这就要求教师必须具备一定的专业教学技能，如组织备课、讲解分析、启发提问、组织学习、引导提升、掌握现代教学设备等专业技能。

笔者对广西某些小学英语教师专业素养进行调查研究，主要研究教师的理论素养和教研能力等，调查问卷是根据现有的研究成果进行修改形成的。来自14个地市的118名教师自愿参与匿名问卷调查。根据统计，参与调查的老师当中，女性占77.12%，男性占22.88%；在城镇学校教学的占49.15%，在农村学校教学的占50.85%。参与调查的对象中，半数以上是30岁以下教龄5年以下的年轻教师，本科学历的教师占80.51%。本节选择与研究密切相关的问题进行分析。

### 一、英语教师专业能力问卷调查结果分析

#### （一）理论素养

关于对英语课标内容了解的情况，结果显示，86%的教师表示了解，尚不了解的教师如何以英语课标指导日常的英语教学令人忧虑。关于对教育学、心

理学、教育研究方法和第二语言习得理论、语言学等相关专业知识的掌握程度，60%的教师具备一定的相关的专业理论知识，40%的教师理论学习意识淡薄，忽视理论学习对实践教学的影响和作用。可见，教师队伍整体理论基础相对薄弱。关于对小学英语教学特点及教学方法掌握的程度，结果显示，30%的教师对小学英语教学特点了解不够。根据小学生的生理年龄和学习特点，小学英语教学应做到趣味性浓，交际性强，情境性高，听说领先，读写跟上，加强对课标内容学习和提高实践教学能力对教师来说显然非常必要。关于上课经常使用哪种教学理论为指导以及对任务型教学和合作学习等的了解程度，结果显示，大部分教师对听说法、直接法、交际法、任务型教学、合作学习等教学理论较熟悉，实施运用也较熟练。尽管如此，仍有30%的教师不够了解，在教学当中有没有使用过也不得而知。鉴于此，学校应鼓励教师潜心研习多样化的教学模式，以激发学生乐于学习英语的兴趣、主动参与英语学习的积极性。关于对学生的学习态度、努力程度、交流合作、积极参与等方面的教学评价，75%的教师在一定程度上掌握相关的评价体系标准并具备反思能力，但尚有部分教师忽略这个重要教学环节，而学生的学习态度如何、努力程度高低、交流合作表现、积极参与态度等正是对教师的教学设计、教学实施、教学效果的直接反馈。

## （二）教研能力

对教师的教研能力调查中发现，参加过市县级或市县级以上优质课评选并获奖的教师仅占40%，可见，大多数教师尚需努力提升自身专业能力，参加优质课评选不仅是教师教学能力的有力证明，而且是教师专业能力迅速成长的"催化剂"。在地市级或地市级以上专业刊物发表过五篇以上教学论文的教师仅占3.39%，70.34%的教师从未发表过论文，现状不容乐观。教学论文是教师对教学实践的反思总结，对教学经验的学习积累，对新教学方法的摸索探讨。经常撰写教学论文正是促进教师专业能力提升的捷径。调查发现，教研活动的形式主要是备课、听课与评课，显然，教师习惯集中性讨论式研究方式，像阅读报刊文献、课题研究、听专题讲座等个体化学习式研究方式亦是提高教研能力的绝佳方法。仅30%的教师参加过校级教改、课题研究，结果令人遗憾。然而超过30%的教师努力争取过，却又令人欣喜。希望教师勇于投身教学改革，积极参与教研活动。关于反思教学。近九成教师注重教学反思，说明教师已经意识到教学反思能促进教师教学技能和教育实践能力的提高，而那些一直忽略教学反思的教师应快马加鞭，与时俱进。在培训项目中，教学方法和技能培训备受小学教师欢迎。然而，教师也应了解专业综合能力的提高也离不开课程标准、教材分析，学科及相关教育理论和语音、语法及相关基础知识等其他多种形式的培训和训练。教研活动存在的问题：首先是缺乏创新意识和创新能力，其次是撰写论文能力差、教学理论薄弱、教研意识淡薄等。综合分析，正是由于教师或多或少地忽略教学反思、教学研究、习得积累，虽然常教却不常研，便觉得无话可说，无料可写，所以无文可发。长期下来，形成撰写论文能力欠缺、创新意识不够敏锐、创新潜能低下的现状。关于教研活动存在问题的解决方式，笔者认为可通过加强理论学习、夯实专业知识、更新教学理念、改革教学手段、注重教学反思等方式综合提高教师的教学科研能力。

综合以上研究可知，小学英语教师理论素养和教研能力存在以下问题：专业及相关教育知识理论基础薄弱，创新意识及改革理念有待加强，教学技能及职业素养有待提高，教学反思能力及教学科研水平需要提升。

## 二、英语教师专业能力的提升启示与策略

《纲要》明确提出"严格教师资质，提升教师素质，努力造就一支师德高尚、业务精湛、结构合理、充满活力的高素质专业化教师队伍"。《纲要》指出人才培养体制改革应"遵循教育规律和人才成长规律，深化教育教学改革，创新教育教学方法，探索多种培养方式，形成各类人才辈出、拔尖创新人才不断涌现的局面"。可见，国家教育改革和发展规划对教师专业素养的明确要求给高等师范院校对中小学教师职前教育培养提出目标和要求。

笔者之前进行的调查的基本信息显示参与调查的多为本科学历、教龄不长的年轻教师，调查结果让笔者了解到调查地所在省份小学英语教师专业素养基本现状，也在一定程度上体现了近些年中小学教师职前教育人才培养过程中存在的不足。本文以调查结果和研究分析为启示，探讨提高职前中小学英语教师理论素养和教研能力的有效模式。作为职前教师的师范生是基础教育的生力军，师范生的人才素质和水平能力势必直接影响未来基础教育的质量和教育改革的成效。因此，高等师范教育应注重增强师范生提高专业素质的主观能动性，激发师范生提高专业素养的个人意愿，培养师范生的创新意识和改革理念，创设奋发上进的竞争氛围，为师范生提高专业素质营造良好的环境、搭建创新的平台和创造上升的空间，开启英语师范生人才培养创新模式，推动英语教学改革进程。

### （一）加强理论基础，提升理论素养

第一，通过人才培养方案制定对理论性和实践性课程进行合理设置，相关

的课程设置和课堂教学培养英语师范生具有现代教育理念，掌握教育科学的基础专业理论、英语专业基础知识和英语课程标准内容、人文社会科学知识及科学的教学方法、现代化的教育手段、良好的道德修养等相关必备知识，了解中小学生身心发展规律和中小学德育方法，以满足中小学英语教学和研究需要，适应地方社会经济发展和基础教育英语教学改革。

第二，通过竞赛课、示范课、研究课、汇报课现场观摩或优秀教学课例视频观看及听课评课、交流讨论、模拟实践等多种方式促使师范生领悟理论知识的实践运用，从而更好地掌握并巩固理论知识基础，提高分析归纳能力，增强教学研究能力，同时锻炼实际操作能力。

第三，通过以考促学、以赛促学等多种途径促使师范生加强专业知识基础、备考、应考、反思和备赛、参赛、反思等多重环节的学习和实践驱使师范生扩大学习眼界，增长学科见识，积累习得收获，开阔教学视野，拓展教师教育知识，激发热爱教师职业情感，提升教师综合素养。

第四，通过举办读书工程或名著欣赏等阅读活动促使师范生定期定量阅读教育理论著作、名人名著、优秀文学作品等书籍，完成相关的读书笔记，举行读书分享会，老师和学生畅所欲言，各抒己见，有助于师范生夯实理论基础，陶冶文学情操，丰富精神生活，坚定职业信念。

### （二）加强研究学习，提升教研能力

第一，学校应鼓励师范生积极参与校内外各级各类研究项目，邀请师范生参与教师的科研教改项目。在项目驱动下，师生共勉共进共赢。在教师引领下，师范生循序渐进，学有所得，研有所成，具备一定的教学研究能力。

第二，学校应要求师范生踊跃申请大学生创新项目，促使师范生在申报、研究、结题过程中通过阅读文献，查阅资料、凝练综述、总结归纳等方面提高理论学术水平和科学研究能力。

第三，学校应引导师范生了解学科前沿新成果、新趋势、新信息，鼓励师范生积极撰写教研论文和学术论文、研究报告、社会调查、毕业论文等，学习教育科研方法，检索文献，搜集资料，设计问卷，展开调查，分析数据，发现问题，形成结论，完成写作。

第四，学校应督促师范生勤于进行教学反思，在教材分析、学情分析、教学设计、实施教学、评价教学等过程中，研究教学方法，探讨教学模式，积累教学经验，形成教学特色，收获教学成果，提升教学实践能力和教学研究能力。

本节以广西部分小学英语教师专业素养调查结果为启示，提出加强理论基

础和研究学习来提高英语师范生的理论素养和教研能力，进而提高英语师范生的职业素养和专业能力，为提升英语师范生核心素养和促进英语师范生专业持续发展打下深厚坚固的基础。

## 第二节 英语教师教育实践能力的提升

随着科学技术的迅猛发展，国际间的竞争越来越激烈。世界各国综合国力的强弱，很大程度上取决于人才培养的质量。因此，各国都极其重视教育在国家发展中的重要战略地位，显然，提高教育质量就必须重视教师及教师素质的培养。教师专业素养体现在教育实践能力，教育实践能力的高低直接影响教育教学的效果。因此，教师职前教育实践能力的培养至关重要。

### 一、教育实践的概念及其发展

教育实践是指人类有意识地培养人的活动。广义上指一切增进人的知识、技能、身体健康及形成或改变人的思想意识的活动。狭义上指学校教育工作者对受教育者的身心有目的、有计划、有组织地施加教育影响的活动。教育者是教育实践活动的主体；受教育者是教育实践活动的对象，同时又作为学习活动的主体而存在于教育实践活动中；教育的内容、方法、组织形式和各种教育设施及设备是教育实践活动的手段；经过培养的人是教育实践活动的产品。

关于教育实践，学术界的定义不尽相同。石中英教授将教育实践定义为"有教育意图的实践行为"或者"行为人以'教育'的名义开展的实践活动"。

国外关于职前教师教育实践能力的研究起步于美国学者福勒（Fohler）的"关注研究"，这一理论开启了教育界对职前教师培养的研究，然而职前教师教育实践能力培养没有受到足够的关注。直至20世纪80年代，职前教师教育实践能力培养才引起重视。长期的研究和逐步发展形成了一些有效的职前教师培养模式，如基于问题学习、伙伴合作、模拟实践、微格教学、反思性实践等。

2000年以来，随着中国教育改革的推进，基础教育课程改革的深化趋势、师范教育向职前教师教育转型，给师范教育带来严峻的挑战，高校开始重视师范生教育教学实践能力的培养。上海师范大学引进"实习、见习和研习"三阶段模式。首都师范大学推行大学与中小学联合培养职前中小学英语教师的方案，成为我国教师教育改革的亮点。西南大学提出师范生"双导师制"培养模式，开启顶岗支教实习模式。河北师范大学的实习支教模式，实现了高等院校、师范生、农村基础教育及在职教师专业发展的合作培养及多方共赢。

## 二、提升教师教育实践能力过程中存在的问题

长期以来，由于传统教育观念的影响，我国高校师范教育对教师教育实践能力的培养存在明显的不足与缺陷，主要表现在以下两个方面。

### （一）注重学科知识和教育相关理论知识的传授，忽视教育实践能力的培养

由于教师教育领域存在着理论脱离实践的问题，致使高校培养的人才过于学术化或者理论化，教育实践能力欠佳，不能适应教育水平的发展。近年来，随着高等教育大众化和高校招生规模扩大，师范生招生数量猛增，而毕业生质量却不容乐观。新任教师的理论知识结构基础相对完整，但是教学组织能力与教育实践能力弱，解决实际问题的能力差，在教育科研方面也因问题意识缺乏而显得力不从心，这导致新任教师无法满足实际教学的需求，从而制约了我国教师质量乃至整体教育水平的提高，也在一定程度上导致师范毕业生面临严峻的就业困境。师范生是未来我国教育事业的重要力量，入职前的教育实践能力的培养成为高等师范院校工作的重中之重。

### （二）教育实践能力培养形式化且模式单一，缺乏针对性和系统性规划

职前的师范教育阶段是教师专业素质发展的重要阶段，师范生的教育实践能力是衡量师范生是否具备良好素质的标志，对教师的专业成长发挥着举足轻重的作用。教育实习是我国师范生教育实践能力培养的重要环节，也是促进教师专业发展的重要途径之一。长期以来，师范院校教育实践能力培养流于形式，师范生实训形式单调枯燥、技能培训缺乏系统性和针对性，人才培养过程中最重要的实践活动——教育实习也得不到足够的重视。实习时间短暂，指导老师人数少，甚至缺乏系统的安排、足够的指导和切实的管理，实习学校分布过于分散，实习生之间缺乏沟通、交流等一系列的问题，导致师范生入职前虽然身经教育实习，但实践能力提升不明显，教育实习可谓收效甚微。

## 三、提升教师教育实践能力的政策依据

《纲要》明确指出"造就业务精湛的高素质专业化教师队伍"，还强调对职前教师的培养应"增强实习实践环节，强化师德修养和教学能力"。国家教师资格考试制度加大了教育实践能力考核的权重，在笔试部分增多教育实践能

力内容方面的考核，在面试部分注重构思、设计、实施、反思、评价等教学实践环节的考核。目前，师范院校等级认证制度的推行对高等师范院校的教学质量、办学效果、社会认可度起到很大的监督和促进作用。

《教育部关于加快建设高水平本科教育全面提高人才培养能力的意见》指出，围绕激发学生学习兴趣和潜能深化教学改革；进一步提高实践教学的比重；切实加强实习过程管理；增强学生的创新精神和科研能力；培养真正适应经济社会发展需要的高素质专门人才和具有宽广国际视野的新时代人才；完善高校与地方政府、中小学"三位一体"协同育人机制，创建国家教师教育创新试验区。教育改革的新动态对在职英语教师的专业素质和职前英语教师的教育实践能力培养提出了明确的要求，对高等师范院校培养适合时代发展、社会需求的师范人才提出了严格的标准。

### 四、提升英语教师教育实践能力的策略

根据社会经济发展需求和教育发展趋势，针对师范院校在教育实践能力培养方面存在的不足，基于现有的研究成果，下文探讨适用于本土区域特点的职前英语教师教育实践能力"全程式"培养模式。

#### （一）以教促学

围绕英语学科核心素养，提高师范生专业素质和职业技能，包括专业知识、专业技能、专业能力、专业情意等方面，对师范生进行语言知识基本技能和学科专业职业技能相结合的实践能力训练。对低年级师范生实行夯实语言基础，狠抓微技能，加强基本技能和微技能训练及考核；对高年级师范生实行提高职业技能，强化实践操作能力训练及考核。

#### 1. 课程设置改革

基于经济发展和社会需求，从就业形势出发，学校在课程设置上给予学生更多的选课空间，让学生结合志趣爱好，凸显自身特色，加强个人职业技能和实践操作能力。学校在制定人才培养方案时对课程设置进行改革，采用递进式培养模式；分模块设置课程；加大实践教学课程比例达30%，选修课程学分占总学分的20%~25%；设置实训课程，如英语视听说实训、英语口语实训、英语简笔画实训、英语教学微技能实训和英语课堂活动设计等课程，要求学生在实训课后明确实训目的，在实训本上记录上课内容、学习实训的心得，并进行学习反思，培养学生归纳总结反思促学的能力。学校还应增大教师教育课程比重，彰显教师教育课程特色，推行分层次多形式实践训练活动，切实提高学

生教育教学实践能力。

2. 师范技能达标

按照本科人才培养方案要求，师范技能达标是师范院校学生必须完成的一项专业学习任务。师范技能由语音、教学微技能、课件制作、课堂教学等部分组成。其中，教学微技能包括：歌曲、演讲、书法（中英文粉笔字和钢笔字）、简笔画等。要求师范生分段完成，前三段未达标者参加相应阶段补考，要求师范生在三年时间内、教育实习前通过各项技能考核。最后一段课堂教学技能考核在四年级实习前必须完成。师范技能达标训练与考核实行导师制负责制，导师负责定期训练，期末导师交叉考核学生。严抓师范生教学微技能培养，进而提高教学技能整体水平。

3. 见习、实习、研习一体化

结合见习、实习、研习各阶段工作对学生进行本科四年全程辅导、指导、培训和考核。新生入学后安排见习与实习导师，见习导师与实习导师一体化。每学期均有相应的见习任务，循序渐进开展各个阶段的工作，如班主任工作见习、英语课堂教学见习、教育教学调查、优质课比赛视频和现场观摩、专家名师和一线教师讲座等。实习前，进行校内见习及两轮试讲，各指导老师对师范生教学技能进行交叉考核，合格的学生出发进行教育实习或者顶岗实习。实习结束返校后，组织学生进行教育研习，对实习期间的工作进行总结反思，介绍优秀工作经验，展示优质讲课和说课，完成教研论文或者调查报告。

## （二）以练促学

### 1. 推行实践教学周

每学期推行实践教学周，分年级进行分类技能训练及考核，实行项目负责制原则，确定项目负责人、专业负责人、年级负责人。一年级实施语言技能训练；二年级实施专业技能训练；三年级实施专业技能训练，侧重于职业技能训练和提高实践操作能力。

低年级以培训类实践活动为主，侧重语音训练、书法和简笔画训练、演讲等。

高年级侧重以下几类实践活动：讲座类，如教学设计讲座、教师资格证面试讲座、英语学科核心素养研究讲座；培训类，如英语课堂用语练习及背诵、英语学科核心素养内容学习；考核类，如英语教学设计竞赛、英语课堂用语考核；见习类，如观摩省级、市级、区级中小学讲课或说课比赛和进校听课评课等。

### 2. 改革学习模式

改革师范生实践学习模式，鼓励小组合作学习、同伴互评、基于问题学习、反思性学习等，将这些学习模式落实并贯穿于教育实践能力培养及训练的各个环节。

教师教育类实训课程授课时或者课后，老师可以按照语音、词汇、口语、听力、阅读、写作、语法、语篇等类别下达任务，或给出段落材料或设计情境，要求师范生分类限时进行教学活动设计及现场演示或者模拟上课，锻炼师范生积极活跃思考问题、快速高效解决问题、大胆踊跃表现自我的能力。课堂及课后任务可以是要求师范生常态化自录上课视频，本人观看并做出自评反思调整提高。课余练习或者试讲时间段，将班上师范生分成若干个3人或4人小组，要求师范生分小组进行说课讲课练习，同伴之间互相点评，本人虚心接受并进行反思。外出观摩现场优质课或者校内课内观看优质课视频之后，要求师范生分班分组进行集中评课，汇总形成评课记录，装订成册，以供保存及资源共享。

### 3. 加强合作交流

完善师范院校与地方政府、中小学"三位一体"协同育人机制，每年建立新的教育教学实践基地和创建教师教育创新试验区，加强大学与中小学合作伙伴关系，联合教育厅、教育局、教科所、中小学开展科研和培训项目。依托所承办的各类培训项目，增多师范生听课、观课、模课、研课、磨课、上课、评课等实践机会，培养师范生敢于且勇于与经验丰富的一线教师开展同课异构活动、教研活动，并进行教学反思。通过对比、反思让师范生了解自己的优势和不足，从而提高课堂教学技能。

利用政府机构、社会团体、学生社团组织的各类义教、支教活动，为师范生创造更多机会大展身手，尽早从模拟课堂走进真实课堂，以一技之长服务社会。

## （三）以赛促学

### 1. 以竞赛为契机

鼓励师范生积极参加国家级、省级、区级、校级英语专业及各类大学生英语比赛，如词汇、阅读、写作、翻译等，以及技能类比赛，如语音、演讲、辩论、朗诵、唱歌、故事讲述、电影配音、戏剧表演、书法、板书、微课、课件制作等。在赛前开设辅导讲座，安排相关的辅导老师给予专业性辅导。每年度各学院组织师范生教学技能比赛（包括说课和讲课）、教案设计和课件设计比赛。比赛分为初赛和决赛，要求所有师范生以班级为单位参加初赛。一定比例的优胜者进入决赛，决赛胜出者将参加校级或者区级以上的赛事。对于能够脱颖而出进入高层次赛事的师范生则安排经验丰富的老师进行专门指导培训陪练。安排参加过高层次比赛的师范生在全院学生大会上介绍经验和交流心得，师生共享优秀的教学经验，积累教育教学方法。

2. 创设竞技环境

学校应为师范生创造一切可能的练习机会提高其实践能力。专业课老师在课堂教学和实习试讲时寻找适宜机会，在所教的班级或所指导的学生当中组织小组或者个人之间等小范围竞赛，让师范生随堂可练，即兴发挥，轻松自如，在潜移默化中提高实际操作能力。既培养了师范生的竞争创新意识，也加强了师范生的协作共赢精神。

### （四）以研促学

1. 参与科学研究

学校要培养师范生初步具备并逐步增强科研意识，引导师范生追踪学科新动态，关注学科前沿信息。学校要鼓励师范生积极申报大学生科研项目，参与导师科研教研项目，促使师范生在申报、研究、结题过程中学习科研方法、检索文献、搜集资料，阅读文献、设计问卷，进行调研，分析数据，发现问题，思考成因，凝练综述，总结归纳，形成结论，进而提高理论水平和研究能力。

2. 教与研相结合

师范生应乐于教、勤于研、善于思，将教学与科研结合起来，相辅相成。师范生应在分析教材、分析学情、设计教案、实施教学、评价教学等过程中，探索求真，实事求是，钻研教法，研究问题，解决疑难，形成经验，积累收获，提升教学能力和研究能力。

本节基于高校师范教育对教师教育实践能力提升中存在的问题，探讨了"全程式"培养模式，提出以教促学、以练促学、以赛促学、以研促学等策略，旨在丰富教育实践能力培养的形式，提高教育实践能力培养的有效性，提升职前英语教师专业素养和职业技能，促进英语教师专业持续发展。

## 第三节 英语教师专业素养的现状分析与培养策略

教师专业发展已成为当今教师教育的核心话题，教师专业发展的关键是提高教师的专业素养和能力。为了解初中英语教师专业素养现状，笔者对 14 个地市城乡初中英语教师的专业态度、专业知识、专业能力及专业发展中出现的问题进行问卷调查。对回收的 122 份有效匿名填写的问卷进行统计分析。参与调查的对象中，半数以上是 30 岁以下教龄 5 年以下的年轻教师；本科学历的教师占 87.70%；女性占 81.15%，男性占 18.85%；在城镇学校教学的占 57.38%，在农村学校教学的占 42.62%。

### 一、英语教师专业素养的调查结果分析

#### （一）专业态度

关于对教师职业的态度，50% 的教师职业认同感高。关于对自身专业素养发展水平的自评，半数教师认为个人专业能力强，而另一半教师意识到自身需要提高。关于是否尊重学生的独立人格、平等对待学生，78% 的教师教育教学态度端正，公平对待学生。关于是否尊重教育规律和初中生身心发展规律，为学生提供合适的教育，70% 的教师具备一定的教育学和心理学知识，了解学生的身心发展情况。关于是否认识到核心素养教育是我国现阶段基础教育改革的新动向，77% 的教师确认核心素养在基础教育改革的风向性地位，22% 的教师教育理念滞后，理论研究不足，存在影响教学的隐患。关于是否同意当前基于英语学科核心素养的基础教育改革的首要关键是中小学教师队伍建设，80% 的教师认可教师队伍是推进教育改革和倡导核心素养新理念的主力军，教师队伍建设是当务之急、重中之重。

#### （二）专业知识

关于对英语新课标及《纲要》内容的了解程度，54% 的教师在不同程度上了解新课标和《纲要》，令人忧虑的是，近半数教师尚未了解指导性文件的精神，又如何顺利开展教学工作呢？关于自评英语学科必备语音知识（包括语调、发音）和语法知识（包括时态、语态、语气、句型等），调查结果显示，只有半数教师对个人的专业知识结构充满自信。关于自评教学实施能力，包括情景教学、体验式教学和各种课堂活动开展，只有半数老师对自身教学实施能力持满意态度，加强教学实践、教学反思、教学评估不失为帮助老师迅速提高自身

教学技能的良策。关于自评英语教师学科必备的文化意识，包括文化知识、风俗习惯、生活特点、气候、饮食等知识结构，57%的教师在不同程度上具备文化意识专业素养，文化意识专业素养欠缺的老师应注重在语言传授过程中渗透文化教学，培养学习者的文化意识。关于自评英语教师必备的现代化信息科技知识结构，包括开展网上学习、制作课件等能力，能力强的教师仅占11%。现代教育技术与英语课程整合能力是在互联网时代背景下英语教师必备的信息素养，能力存在明显短板的老师应更新理念，砥砺前行，与时俱进。

### （三）专业能力

关于能否根据英语新课标改革背景下对初中教师的要求，科学设计教学目标和教学计划，60%的教师能做到，40%的教师还需努力改进，接纳新理念，加强探究研讨。关于能否营造良好的学习环境与氛围，激发与保护中学生的学习兴趣，能力强的老师仅占13%，50%的教师表示可以做到。兴趣是学习的最大刺激因素，只有最大程度激发学生的学习兴趣才能充分发挥学生主动学习的积极性。关于是否能够根据中学生世界观、人生观、价值观形成的特点，有针对性地组织开展德育活动，76%的教师能做到，部分教师则需要强化自身学习，优化知识结构，使语言教学融合德育教育，引导学生形成正确的三观，培养学生良好的道德意识。关于是否能与同事合作交流，分享经验和开发教学资源，共同发展，80%的教师表示能做到。团结协作精神是教师个人应具备的专业素养，而共享教学资源、分享教学经验是教师专业能力快速提高、专业素养迅速提升的基础，教师不可忽略合作交流，否则共谋发展便是一纸空谈。关于是否主动收集分析相关信息，不断进行反思，改进教育教学工作，能做到的教师占78%。教学反思是教师提高个人业务水平的行之有效的手段，是教师对教育教学实践的再认识、再思考，以此来总结经验教训，进而提高教育教学水平。教师应重视从自己的教育实践中来反观自己的得失，通过教育案例、教育故事、教育心得、教育成果等来提高教学反思的质量。关于是否能够顺应基础教育改革的教育试行制度，制定专业发展规划，不断提高自身专业素养，仅有69%的教师表示能做到。如今，新课程理念、新教材、新课程评价观强烈冲击着现有的教师教育体系，对教育工作者提出了更高的要求。教师发展是教师实现个人价值的过程，教师应制定专业发展规划，不断提升精神追求，增强职业道德，掌握教育规律，拓展科学知识，强化专业技能，提高教育教学水平。

### （四）专业发展中存在的问题

问卷调查同时发现了教师专业发展中存在的专业态度、知识和能力等问题：由于部分学生学习热情低、学习基础差，教师教学要求与学生学习接受能力差距大，有的教师对学生逐渐失去信心；部分教师教育观念滞后、教学方法单调且教学手段落后，课堂调控能力弱，难以适应基础教育教学改革的要求；还有的教师在教学中面临中考升学压力、个人升职压力及家庭困难等问题，在教学方面的集中度相对较低等。

调查结果显示，初中英语教师专业素养总体处于良好态势，但也暴露了存在的问题，英语教师队伍建设还不能完全适应新形势，部分教师专业素养与工作能力难以适应新时代人才培养的需要和基础教育改革的要求，专业态度、职业情感、专业知识、职业能力有待提高，教师自我提升和发展意识淡薄，专业化发展有待加强等。由于问卷调查对象相对年轻化，调查结果显示的问题从侧面反映了近年来师范院校职前教师人才培养的不足之处。

## 二、英语教师专业素养的培养策略

中国特色社会主义进入新时代，人民迫切向往公平而又高质量的教育。教师是教育发展的第一资源，是人才培养的关键力量。中共中央、国务院《关于全面深化新时代教师队伍建设改革的意见》中对教师专业素养能力提升做了详尽的设计和规划，指明了提升教师专业素质能力的目标和实现路径。建设高素质专业化创新型的教师队伍，亟待加强职前培养、入职培训和在职进修，优化教师队伍规模结构、知识结构和学历结构，全面提升教师专业素质与能力。下面结合调查结果进行研究分析，探讨英语教师专业素养的培养策略。

### （一）端正专业态度，立德树人

教师是太阳底下最光辉的职业，肩负社会发展和人类进步的神圣职责。子曰："爱之，能勿劳乎？忠焉，能勿诲乎？"为人师者，应当恪守奉公，言传身教，以身作则；为人师者，应当教书育人，言行一致，表里如一；为人师者，应当甘为人梯，辛勤培育，躬身实践。教师的一言一行都在向学生乃至社会展示着自己的职业行为、道德操行和人格品位。要培养师范生具有坚定的事业心和较强的荣誉感、崇高的品德和健全的人格，一切教育教学活动都应渗透着培养师范生对教师职业的深层理解，教导师范生爱教忠教，全心全意，勤勤恳恳，任劳任怨；教诲师范生以高尚的人格熏陶学生品格，以高雅的语言塑造学生心灵；以博大的胸怀爱生，不忘初心，以宽宏的胸怀待生，不失严格。

### （二）夯实专业知识，拓知长识

通过理论性学习及相关课程教学培养英语师范生掌握现代教育理念，了解教育科学专业理论和人文社会科学知识，熟悉英语学科课程标准内容，巩固英语专业基础知识，包括语音、词汇、语法等方面，熟练运用现代化的教育手段及学科教学方法，具备良好的职业道德修养等相关必备知识，了解中小学生身心发展规律和中小学德育方法，以满足英语教学和科学研究的需要，适应地方社会经济发展和基础教育英语教学改革的要求。

### （三）加强专业能力，提升实力

通过实践实训专业课程教学、微技能训练及考核、多样化的专业技能竞赛活动等夯实英语师范生听力、口语、阅读、写作和翻译五个层面的语言知识，强化听、说、读、写、译五项核心语言技能，全面提升师范生的英语语言综合运用能力。依托"国培""区培"等各类培训项目，与中小学密切合作，定期组织听课、观课、评课，开展见习、实习、研习，注重教学反思和教学评估，保证教研活动常态化等多渠道提高师范生教学职业技能。

本节以广西初中英语教师专业素养调查结果为启示，提出"端正专业态度，立德树人；夯实专业知识，拓知长识；加强专业能力，提升实力"的策略来提高英语师范生专业素养，培养社会责任感强的新时代高素质专业化创新型的英语教师。

# 第六章　核心素养视角下学科能力发展的教学改进策略研究

## 第一节　核心素养视角下教学改进的目的与环节

历史上人们所有的改进与创新都是在已有的基础上进行的，没有对已有现实的清晰认识，就不可能凭空产生超越现实的策略，亦不可能超越现实。对于课程与教学也存在同样的道理，只有认识到课程教学实施的现状，才能够以此为基础，不断发现影响课堂教学质量的因素、剥离阻碍课堂教学发展的包袱、归纳总结教学改进的现实生长点。

### 一、核心素养视角下课堂教学存在的问题及其分析

#### （一）核心素养视角下课堂教学存在的问题

从宏观层面来看，目前中学课堂教学存在的问题主要有三点：第一，中学教师对核心素养的认识不清晰；第二，教学方法受教学制度影响较大；第三，课堂教学没有从根本上摆脱应试导向。

##### 1. 对核心素养概念的认识不清晰

总的来看，中学教师对"核心素养"的误读主要表现在两个方面。第一，认为"核心素养"是一个全新的概念。笔者在调查问卷中设计了一道"您对核心素养了解多少？"的题目，结果显示，总共有高达 64% 的教师对"核心素养"完全不了解或了解一点，仅有 12% 的中学教师对其比较了解或非常了解。我们知道，理论的发展如同物质财富的积累一样，都必须有稳定的现实基础作为保障，不存在超越现实的物质，也不存在超越历史的理论。任何新的教育理论的提出都是以当下的理论发展水平为起点的。"核心素养"的理念是在中国教育

发展到一定的水平才被引入我国的，也是与我国教育的发展相契合的，然而从统计的结果来看，很多中学教师仅停留在对"核心素养"字面的了解，且被这个"洋"概念所蒙蔽，而未将其作为我国教育正常发展的新阶段来看待，导致对它的"完全不了解"。第二，认为"核心素养"理论要有配套的新的教学方法。针对"您对核心素养了解多少？"中回答没有选"完全不了解"的中学教师，笔者设计了一道开放性问题："您认为应该如何在课堂教学中实施核心素养？"，一部分中学教师的回答是"看学校规定""改变教学方法"或"不清楚"等等。笔者认为，这些回答其实从深层反映了这部分教师对新理论、新概念的教学方法的误读，认为不论是出于外在要求的压力，还是出于内在提升的动力，有了新理论，就必须要有新方法与之相对应。

### 2. 教学方法应用不自由

教学是教师教学生学习的过程，教学方法是教师教学生学习的方法，"教学方法不是独立于教师主体之外以实体形态存在的，而是教师主体内在素质在教学活动中的一种外化"，因此教学方法具有明显的个体性特征。换言之，教学方法是与教师融为一体的，而不是放在教学理论的"柜台上"，任教师随取随用的物品。但是在现实的教育情境中，由于受一些因素的影响，教师教学方法的选择更像是教学方法的被动执行者，而非主动阐释者。上述影响主要表现在两个方面。第一，学校为教师"定教法"。笔者观察的某县第一中学就是典型的学校为教师规定教学方法的例子。教师在教学上相互学习、相互借鉴，最终提升学生综合素质本身是一件值得肯定的事情，但在学习和借鉴的时候也要充分考虑教学方法的"可迁移性"，即借鉴者充分考虑新的教学方法所适用的背景并做出相似性判断，在于解释和理解新的教育理论、教学方法的"完整、详尽程度以及运用成果的教育者的判断力和创造力"，而不是生搬硬套。第二，学校让教师"创新法"。笔者访谈的某市初级中学就是这一方法之典型。教学反思本是教师对教学实践的深层认识，教学方法创新也是在教师丰富的教学实践基础上自然形成的产物，当被制度化以后，好想法更多的是为创新而创新，而不是乐在其中的教学探索。

### 3. 教学没有从根本上摆脱应试导向

尽管素质教育的口号已在国内提倡多年，对"唯分数论"的批评也很激烈，针对培养学生集知识与技能、过程与方法和情感态度与价值观为一体的教学目标的新一轮课程教学改革也在切实进行，但遗憾的是，从调查结果看，当下的课堂教学没有从根本上摆脱应试导向。这个结论可以从中高考分数背后的奖励机制得以证实：在笔者调查的其中一所初中和一所高中，虽然学校对教师的奖励机制和额度都不一样，但却都是现金奖励，而奖励的标准就是学生的考试成绩。考虑到高中教师，尤其是毕业年级教师的课业沉重、事务繁忙，对其进行适当的奖励本在情在理，但这种以毕业生成绩衡量教师奖励力度的做法无疑会驱使教师培养学生的得分能力，培养学生得分能力的同时也是教师教学异化之时，以异化的教学去培养全面发展的人和素质教育的理念只能是一句空话——由此我们也可以间接得出，中学实施素质教育、培养学生核心素养的症结并非教师的教学方法改进便可以实现，也并非一朝一夕可以解决的。

### （二）核心素养视角下课堂教学问题的归因分析

课堂教学是教师教学生学习的双向互动过程。学生并不是空着脑袋走进课堂的，而是带着他（她）的成长环境、生活习惯和价值观等无形的因素来到课堂的；同样的道理，教师也是带着诸如学校文化、专业规训和价值观等因素走进课堂的。课堂教学是一个开放的系统，是各种文化和习俗、规则之间的碰撞和交流，因此对课堂教学的影响因素的分析也不像用统计软件里"多因素方差分析"和"相关分析"这样的检验手段得出一个数据来说明了事那么快捷。基于中学教师实施核心素养的现状，针对中学教师对核心素养内涵的理解与认识，笔者认为旨在发展学生核心素养的课堂教学问题的产生不仅仅是教师的原因，所以尝试从其发生的社会文化背景和时代特点等角度去分析这些问题产生的根源。

#### 1."核心素养"概念的复杂性和中学教师独特的困境

笔者认为，当下中学教师对核心素养的内涵和本质认识不清晰，并不仅仅是因为中学教师的认识能力不足或认识的动力不足，而是由多方面的客观因素共同决定形成的，这些客观因素主要表现在四个方面。

第一，"核心素养"概念本身的复杂性。教育的复杂性要求教育研究既要全面又要深入。正因为要尽可能囊括所有的可能，教育研究者对教育学的很多概念在界定时都会面临一个尴尬的局面：既要极力表达概念的普适性，又要言之有物、说清楚想要界定的对象，出于对其内涵和外延不同程度的把握也就形成了不同的概念。不同领域的学者和专家对"核心素养"有不同的理解，不同文化背景、地域、民族、国家对"核心素养"也有不同的界定。正因为如此，对"核心素养"的理解和认识应是一个不断发展的过程，而不是一劳永逸的行为。

第二，中学教师教学工作的实践性特点。由于基础教育的本性、要求和升学压力，中学教师一般都会将工作重点放在学生的基础知识的认知和教学实践上，而不是放在教育理念的学习和教学理论的提升上，即使很多教师都知道先进理论对教育教学发展的用处，客观上也没有充足的时间和机会允许教师去研修。因此，中学教师教学的实践特性在一定程度上阻碍了其对新理念的认识进程。

第三，中学教师接受新理论的层次性和选择性。这种特性是由中学教师的实践性决定的。教师的课堂教学不是一个一成不变的存在，而是不断吸收着时代发展、社会进步和新理念新思潮的产物并时刻进行着同化与顺应的过程，同化的过程也是教师原有认知结构和新理念冲突的过程。因此，当新理论在短期内不能付诸实践或指导实践的时候，中学教师在接触新理论时便对其划定层次，同时自主选择对教学实践"最有用"的一部分。中学教师在接受新理论新思想时更关心的并不是"是什么"的知识，而是"怎么用"的知识，"对于借用的观念和理论，他们是在无价值体认的情况下机械地'拿来'，同时又受到'技术至上'理念的制约，致力于理论的技能化。因为他们习惯于被直接告知'应该怎么做'……使得先进的理论往往落得被机械'操持'的命运'"。这种选择的偏好使得中学教师更容易忽略掉本质和内涵的探究而造成对新概念认识的模糊性。

第四，中学教师的教学改革惰性。这一点主要是由中学教师的实践特性、对新教育理论的选择性和中学教学制度共同决定的。当中学教师忽视了新理论的"道"而倾向于"术"时，就从根本上失去了认识新理论的机会，也从根本上失去了将新思想的核心与课堂教学实际相结合，从而促进学生全面发展、提升自我专业素养的良机。代替这一切的则是教师等待课程教学专家推出全方位的教学参考书和组织层层的课改培训，等待将从课改专家那里习得的"先进教法"和"成功经验"转身应用于学生。当一线教师没有从根本上吃透课改和教改的核心内涵而去进行课改、教改时，在他们内心产生更多的是对改革目标的迷茫和改革行动的惰性，而非改革的激情和热情。

2. 教学制度与课堂教学本意的背离

制度既是要求成员共同遵守的规则，也是一定条件下形成的体系，教学制度就是在教学场域中要求所有教师共同遵守的规则和根据此规则形成的体系。教学制度形成的本意并不是对教师教学活动的管理和控制，而是成为规范教师教学行为、促进教师教学反思、提升教师教学水平的一套体系。因此，从根本上来说教学制度是服务于教师的。然而，在现实教学过程中，教学制度经常以一种规训的姿态来把持教师的课堂教学，其原因主要有以下两个方面。从客观上讲，当下的学校教学活动和行政管理是并行的，而且总体上是科层化（阶层化）的管理体制，而科层化的学校"是基于固定属性或是被公认为固定属性的……如果这些单元、范畴是固定的，那么学校就会发展出明确的横向结构和纵向结构"，这种机械团结的纵向和横向结构构成了学校不同成员之间的封闭体系，加之教师不同的专业化背景，最终导致教职工之间"弱关系"的事实；从主观上来说，行政人员的"工作和具体事务十分紧迫，因而和教育的学术和道德方面问题的联系就疏远了"，反映在教学上，则表现为教学制度与教学活动的背离，具体表现如下。

第一，教学制度与教师教学思想自由的背离。教师教学的思想自由是保证教师教学有趣、有效的重要前提，也是培养学生学习兴趣、激发学生想象能力、提升学生思维水平的基本保证。试想，没有自由发散的思想，教师该拿什么去吸引学生的注意力，使自己的课堂变得有趣、被欢迎？又该拿什么和一群求知若渴的学生进行思维的碰撞？但是在现实环境中，教师的课堂教学还是摆脱不了一些机械教学制度和传统思想的束缚。适合特定学科的教学思想得不到认可，教师只能在学校预定的思维框架下展开教学，教师的教学个性和思维棱角只能不断收缩，最终全部退回到教学制度模具中被一般化和模式化。

第二，教学制度与教师教学行为自由的背离。对教师教学思想的影响必定意味着对教师教学行为的干涉。除了全国统一的教师行为规范准则，有些学校还针对教师教学制定了诸如"教学行为八不准"或"十不准""教学八项注意"等等细规，从衣着到走路，从语言到表情，无一不在这些规则的监控之下，"在这种情况下，教师的任务也变得'理性化'了，结果是，作为专业教育者的教师变得越来越丧失了技巧，因为课程变得越来越规定化和受集权控制"。当然，我们并不是认为教师的行为自由就是教师可以为所欲为，更不是认为只要是对教师的规范就是不好的、不应该对教师进行规范约束，而是认为教学制度的制定首先应该以保障教师的教学自主权、促进教师专业发展为宗旨，如果做不到这一点，那教学制度就会变成一项针对教师的负向强化规则，沦为教师行为失范后的惩罚标尺，而教师也只能成为"戴着脚镣的舞者"。

3."以考定教"与"以教定考"的评价逻辑悖论

教学评价作为教育目标是否达成的检测手段，有着非常重要的作用。然而，对于教改或课改，教育理论研究者和一线中小学教师却有着不同的出发点和改革逻辑：教育理论研究者的思路是"以教定考"，而中小学教师则是"以考定教"。后面笔者将分条论述。第一，"以教定考"。打开中国知网（CNKI）

输入"课改""评价"等关键词，点击搜索，我们看到检索结果中符合条件的很多文章都有一个共同的特点：以"课程改革"的理念为出发点去阐述教育评价方法应该如何如何。而这些文章的作者一般都是高校教育理论研究者，他们以理想的完整的"人"为奋斗目标，认为包括课程、教学、评价的所有事物都要为培养全面发展的人服务。第二，"以考定教"。持这种理念的群体大多是一线中小学教师和教育管理者。他们认为，考试就是学校教育教学的"指挥棒"和"风向标"，"考试怎么考，学校就怎么教""考试考什么，老师就教什么""不怕考不到，就怕教不全"曾经是、甚至到现在一直还是很多中小学教师和校长秉持的原则。考试的结果是评价一所学校唯一的指标，也是决定课程与教学变动的唯一指标。站在不同的立场上，我们发现其实二者都是在履行自己的职责，双方也都是切实在为学生的发展要么建言献策，要么实力践行，都没有过失。二者之间的矛盾归根到底还是教育理念和考试评价的落脚点不一致而导致的结果，亦即考试、教学、理念三者博弈的结果：考试以利害标准的姿态规约着教学，理念以道德水准的高度引领着教学。中学教师的课堂教学一直都在努力平衡二者的关系，但遗憾的是，考试一直占据着教育发展的制高点，教育理念一直处于下风。

## 二、核心素养视角下教学改进的目的与环节

从学生学科关键能力的大规模测评中发现，课程改革尚未能全面关注学生学科能力的提升，教师的教学中还普遍存在忽略学生学科能力发展的现象，关注教多于关注学，特别是对构成学科核心素养的学科关键能力的要素缺乏深刻的认识，也不知道应该如何培养等问题，导致教学存在着不少盲目性。对教师的培训也大多停留在讲授和展示的层面，未能深入到教师的日常教学工作中去实实在在地帮助教师实现理念、方法和行为的转变。

教学改进课题立足学生学科能力的发展，通过诊断学生学科能力薄弱项，明确课堂教学改进的着眼点；通过专家与教师合作，形成研究共同体，持续改进设计与实践；在实践中改进与反思，在解决问题中成就教师专业可持续发展；并通过多方协同合作的方式，创新教研模式，引领学科团队共同提高。教学改进的环节如图6-1所示。

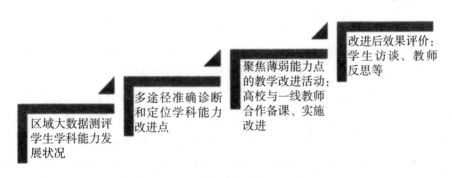

图6-1 促进学科能力发展的教学改进环节

# 第二节 核心素养视角下教学改进项目的具体实施

## 一、核心素养视角下课堂教学优化路径

教学是教育的本体，课堂教学改进是教育发展的重要动力。从时间上讲，课堂教学的改进并不是一蹴而就的——可以说，只要是教育存在的地方，关于课堂教学的改进和优化的探索就永远不会停止；从参与的主体上讲，课堂教学不仅受教师的影响，还受教师所处学校的教育教学制度、学校的环境、社会文化等方方面面的制约。

### （一）深入理解"核心素养"是有效实施素养教学的前提

根据前文的调查结果，中学教师对"核心素养"的内涵并没有一个清晰的认识，而是更为关注"核心素养"如何教，这就导致其对"核心素养"的片面解读和"功利化"使用。没有对核心素养的全面理解，也就无法正确领会蕴含在"核心素养"中的教育精神和教育目的，这既是教育理论与教育实践脱离的具体表现，也是基础教育改革难以深入的痼疾。长此以往，没有正确的"核心素养"理念指导教师的教学，基于"核心素养"的课堂教学也必然走样。因此，全面理解"核心素养"内涵便成为保证学生核心素养全面发展的重要前提。

对于教师来说，深入理解"核心素养"，主要可以从两方面来实现：第一，从理论上，积极理解"核心素养"。任何新颖的概念都不是凭空产生的，而是在一定的社会基础和时代潮流中产生的。"核心素养"的产生也一样，虽然它是一个引介的词汇，但它也在我国有相应的生存土壤，所以"核心素养"也是可被认识、可被理解、可被应用的。只要教师们抱着积极的心态去考证"核心素养"的概念内核，并通过自己已有的知识体系去主动消化，必定会对核心素养有越来越深、越来越清晰的认识。第二，从实践上，切实贯彻"核心素养"。在对"核心素养"有一定的了解的基础上，中学教师还要在教学实践中切实贯彻"核心素养"。具体来讲，就是要在"核心素养"包含的各维度的内容的指导下，结合本专业特征，将核心素养包含的内容和学科知识相结合，将核心素养各要素内化到学科知识上面，在教学实践中反思核心素养的实施力度；同时，在教学活动中查漏补缺，增强以往薄弱的核心素养要素，添加以往忽略的核心素养要素。循环往复，在实践中真正落实核心素养教学，也在实践中加深对核心素养的理解。

### （二）合理借鉴、引进教学方法是促进学生快速发展的途径

教学方法是教师教学生学习的方法，具有明显的个体性特征，因此具体的教学方法的选择和教师个体是分不开的。但是根据调查结果，有部分教育管理者和教师对"教学方法"并没有一个清晰的认识，总认为有一种教育理念就有对应的一种教学方法，或是教学方法是现成的，可以随取随用。殊不知，由于人的复杂性和课堂教学情境的多变性和偶发性，成功的教学方法也会受到"可迁移性"的限制，现实教育中并不存在一种现成的教学方法能够完全和某一时间段的具体的课堂环境相匹配。而之所以相同的课程、相似的环境，但有的教师的课堂就取得了非常好的效果，而有的教师的课堂却枯燥乏味，其原因并不在于教学方法本身，而是在于教师的教学方法是否同时满足作为主体的教师和学生的需要。因此，对教学方法，我们不能一刀切说什么方法一定不好、什么方法一定就好，关键在于教师是否能在合适的时间、合适的场合使用恰当的教学方法。相反，"强制性的东西用得越多，变革看起来就具有更多表面化的东西和偏离教学的真正目标"。当为教学方法"去魅"之后，我们要形成一个正确的"教学方法观"，对于其他地方的"成功"课堂教学方法，也要时刻保持警惕，全方位考察彼此教学环境的相似性和教学方法"迁移"的利弊。"教学有法，教无定法——教学就是'即席创作'"，从这个意义上讲，教师教学方法的选择更像是教师个人的教学机制的体现。好的教学方法如同优美的旋律，既能使学生陶醉，也能感动教师自己。而不当教学方法的运用如同蹩脚的演出，对教师和学生都是一种煎熬。

### （三）创新教学评价机制是保证学生优质发展的动力

课堂教学评价是检验教学效果的手段，也是规范课堂教学活动、引导教育发展的指南，因此，课堂教学评价的最终目的还是将教师教学的目标引到促进

学生的全面发展上来。基于核心素养的教学目标要求学生具有在复杂环境下解决问题的关键能力和必备品格，相对于仍旧是以学生应试成绩为评价标准的现状，作为教师的课堂教学评价必须做出相应调整。创新教学评价机制，从多维度考察教师课堂教学中核心素养实施的成果，才能反过来促进学生核心素养各维度的全面发展。本研究认为，基于核心素养的课堂评价机制的改进可以从以下两个方面出发。第一，将结构性评价与开放性评价有机结合。课堂教学的结构性评价是"评价者所使用的评价工具是由详细的评价项目、评价指标或评价标准和权重、等级、分数等构成"的评价，是一种量化评价；相对地，非结构性评价主要是质的评价。在课堂教学评价中只有将二者结合，在评价时兼顾评价的共性与个性，课堂教学评价才能为教师教学行为提供有效的教学反馈，促进教师教学能力提升。第二，将自我评价与他人评价相结合。自我评价使教师"既是评价的主体，又是评价的对象"，可以保证课堂教学评价的效度；他人评价主要是指学校评价、同行评价和学生评价的综合，可以从不同角度对课堂教学进行审视，有利于教师及时发现问题并为课堂教学改进提供依据。

**二、核心素养视角下教学改进项目的具体实施**

教学改进项目是学科能力研究课题的第三个阶段。这一课题阶段的主要任务是通过改进和提升教师的日常课堂教学能力，实现促进学生学科能力发展的目的。

教学改进项目的实施流程包括五个阶段，即改进准备阶段、教学诊断阶段、教学改进阶段、教学评价阶段、总结反思阶段。具体包括十二项活动，即项目启动会、改进前日常课录制、学科能力前测、前测反馈会、备课指导、说课及研讨、试讲及研讨、正式讲及专家点评、改进后日常课录制、学科能力后测、后测反馈会、项目总结会。以英语学科为例，教学改进项目各阶段及其具体活动如表 6-1 所示。

表 6-1 教学改进项目五个阶段的具体活动总览表

| 五个阶段 | 十二项活动 | 活动目标 |
| --- | --- | --- |
| 改进准备阶段 | 项目启动会 | 选拔参加教学改进项目的个案教师等；部署教学改进项目的具体流程和项目活动安排；个案教师熟悉英语学科能力 3×3 框架 |

续表

| 五个阶段 | 十二项活动 | 活动目标 |
|---|---|---|
| 教学诊断阶段 | 改进前日常课录制 | 进入个案教师日常课教学现场，录制改进前日常课，课后进行教学文本的转写和分析，深入了解个案教师日常课堂教学情况，确定基于学生学科能力提升的教学改进起点和切入点 |
| | 学科能力前测 | 依据学习理解、应用实践、迁移创新三个维度的英语学科能力3×3框架，拟制学科能力前测试题，并在改进班与对照班中实施前测，了解改进班学生在教学改进前的学科能力现状，确定其英语学科薄弱能力点，为改进和提升个案教师的教学提供抓手 |
| | 前测反馈会 | 个案教师了解前测测试结果，根据学生薄弱学科能力点思考改进课教学的设计和实施 |
| 教学改进阶段 | 备课指导 | 专家团队与个案教师以改进课内容为基础，以改进班学生的薄弱学科能力点为切入点，共同研讨备课，设计课堂教学活动，讨论基于学科能力提升的教学思路和方法 |
| | 说课及研讨 | 个案教师展示一节英语阅读课（90分钟左右）的教学设计，主要针对改进班学生的薄弱学科能力点进行教学活动的设计 |
| | 试讲及研讨 | 个案教师实施试讲课，课后专家团队与个案教师在宏观上深入研讨教学实施的改进空间，在微观上讨论具体教学细节的改进方案 |
| | 正式讲及专家点评 | 个案教师以区级公开课的形式实施改进课，课后专家团队点评改进课的优点、不足与改进空间 |
| 教学评价阶段 | 改进后日常课录制 | 进入个案教师日常课教学现场，录制改进后日常课，课后进行教学文本的转写和分析，深入解析个案教师改进后的日常课堂教学情况，与改进前日常课进行纵向对比和研究 |
| | 学科能力后测 | 依据学习理解、应用实践、迁移创新三个维度的英语学科能力3×3框架，拟制学科能力后测试题，并在改进班与对照班中实施后测，横向和纵向对比两个班的学生在教学改进前和教学改进后的学科能力变化情况 |
| | 后测反馈会 | 个案教师了解后测测试结果，洞悉改进班学生的学科能力在改进前和改进后的变化情况 |
| 总结反思阶段 | 项目总结会 | 个案教师总结、交流、反思其在项目中的收获，以及未来教学前景和教师专业发展愿望 |

如表 6-1 所示，教学改进项目的具体实施具有阶段性强、层次分明、方法丰富等特点，具体表现如下。

第一，改进准备阶段的项目启动会标志着教学改进项目的开始，为教学改进项目的顺利推进提供组织基础。项目启动会的主要任务包括：确定参加教学改进项目的个案教师及其改进班和对照班；同时，部署教学改进项目的具体流程和项目活动安排的时间节点及具体任务；最后，通过集中讲座，帮助个案教师熟悉英语学科能力 3×3 框架的主要内容以及内涵、意义。

第二，教学诊断阶段的主要目的是从观察个案教师的课堂教学和学生诊断性评价结果两方面，了解改进前个案教师的教学以及学生的英语学科能力状况。主要方法是通过录制个案教师的日常课堂教学，进行教学文本转写后分析师生课堂话语，了解个案教师的课堂教学情况；同时，在改进班和对照班中实施基于英语学科能力框架拟制的前测测试，了解改进班和对照班学生在改进前的英语学科能力现状。前测结果使用 Rasch 工具分析后，确定改进班和对照班学生的学科能力薄弱点。个案教师的改进课教学设计主要聚焦改进班学生的学科能力薄弱点，通过设计并实施旨在提升学生学科能力薄弱点的教学，实现改进教师日常课堂教学的项目目标。教学设计主要聚焦教学目标的拟制，教学过程的安排，表现性评价活动的设计，学案中评价工具的多样化选择，以及如何拟制高层次思维的教师提问等。

第三，教学改进阶段是教学改进项目的核心阶段。个案教师在确定改进课教学内容之后，接受英语学科专家指导，初步完成改进课的教学设计，通过与学科专家和同行教师的不断切磋和研讨，逐步完善试讲教案设计。之后，个案教师在说课会议上呈现试讲教案设计的思路，展示旨在提升学生英语学科能力薄弱点的教学设计，学科专家和同行教师针对提升学生学科能力的目标，提出教案修改意见和建议。再次确定改进课教学设计后，教师在改进班和对照班以外的班级实施试讲，试讲后继续与专家和同行教师沟通、交流，逐步完善改进课教学设计。最后，个案教师实施正式讲，正式讲以区级公开课的方式展现，课后个案教师接受专家点评。

第四，教学评价阶段的主要任务是检测并评价教学改进项目的成果。首先，再次录制个案教师的日常课，转写课堂教学文本后与教师之前的日常课进行历时纵向对比，分析个案教师的课堂教学改进成果与持续改进空间。同时，在改进班和控制班中实施基于英语学科能力框架拟制的后测测试，后测结果使用 Rasch 工具分析后，与前测测试结果进行比较，分析和解读改进班在教学改进前、后英语学科能力方面的发展与变化，以及改进班与对照班在英语学科能力方面的变化与异同。

第五，总结反思阶段以项目总结会为标志，个案教师在总结会中逐一展示自己的收获与困惑，学科专家针对教师的教学能力、教学信念、评价素养等方向的发展与变化进行总结与概括，为持续开展教学改进项目奠定坚实的基础。

# 第三节　核心素养视角下教学改进的组织形式

## 一、核心素养视角下的教学改进

### （一）教学改进的出发点

当下为什么提出课堂教学的改进问题？也许有人认为，教学改进是常态，是一个不可毕其功于一役的动态的过程，所以任何时候提教学改进都不会过时。笔者姑且承认这种说法的合理性。这里，我们有必要追问核心素养培育背景下教学改进的出发"点"是什么？2012 年中国教育学会课程学术研讨会的主题"下一个十年：基础教育课程改革再出发"，与会代表们研讨和关注的重要议题之一便是"下一个十年从哪里出发"。出发点如何定位？回到今天的主题"核心素养与教学改进"，我们同样需要关注教学改进的出发点在哪？这就需要客观地梳理以下几个问题：新课程实施背景下的课堂教学实际进展如何？取得了哪些成绩？还存在哪些突出问题亟待改进或解决（这是需要认真调研和盘点的）？教学改进的真实立足点到底是为了学生的发展而切实改进教学中存在的问题呢，还是甘当改革的"要件"，刻意迎合"核心素养"这个热词的新风潮呢？这绝不是庸人自扰、无病呻吟，放眼望去，教育改革中迎合取向的变革行动绝非少数，变革的缘起不一定是基于现实问题，而是因为要有新意；改革的动力不在于排解旧障碍，而在于贯彻新路线，赶时髦，不至于"落伍"。若此，我们呼吁宁愿不改！

### （二）教学改进的方法论

核心素养培育视野下的教学如何改进，涉及方式方法，因此，教学改进的方法论就成为绕不过去的一个问题。任何一项改革都不可能是零起点，改革一定是对前一项事物在发展中暴露出的问题进行的变革、改进，是一种批判性超越。因此，系统梳理和盘点前一项事物发展的成绩与问题是改革的前提，只有搞清楚问题所在，改革才有方向和抓手，创新也才有着力点，这在方法论上即表现为继承与创新的关系。核心素养培育视野下的教学改进首当其冲的就要处理好继承与创新的关系。

中华人民共和国成立以来，我国中小学大规模的课程改革就有八次之多，教学改革也始终在不断进行，尤其在当下，教学改革似乎达到了巅峰。教学改进到底改什么？笼而统之地谈教学改进没有多大意义！目前，基于核心素养培育的教学改进到底想改进什么？从"双基"到"三维目标"的教学改进推行到哪一步了？成功的经验是什么？突出的问题或经验教训又是什么？这些问题搞清楚了吗？对基于核心素养培育的教学改进到底需要继承什么、扬弃什么关注不够，学界一股脑地围着新词"核心素养"大做文章，一线中小学教师也被鼓动得躁动不安，大有全民皆谈核心素养之势。试问，三维目标尚不清楚落实到何种地步，又贸然推行核心素养，言必教学的改进与创新，现实吗？会不会出现脚步跟不上思维的问题？改革绝不意味着彻底否定，改进更是如此，教学改进势必要继承新课程实施背景下中小学课堂教学的优良传统和好的做法，成功的经验应该大力传承下去，改进只是针对不足做进一步的完善而已。可见，理性地处理好继承与创新的关系至关重要。

### （三）教学改进的策略

除方法论问题、出发点问题之外，还要关注如何改的问题，即教学改进的策略问题。笔者认为，教学改进的策略应考虑如下几个具体的方面。

#### 1. 厘清几对关系

第一，厘清核心素养与三维目标间的关系。关于三维目标与核心素养的关系，学界说法不一，笔者以为从"双基论"到"三维目标"再到"核心素养"，其间完成的"三级跳"不是简单的线性呈现，而是一个螺旋式递进的过程，即"双基论"强调的是学生对知识和技能的掌握，注重"基础"；三维目标是对"双基论"的突破和超越（也是一种批判性超越），是深化的结果；核心素养则上升到能力层面，突出作为21世纪的人应该具备的最为关键的能力或素养。可见，三维目标和核心素养之间既有联系又有区别，它们不是两个完全独立的事物，不能割裂来看。

此外，教学目标关涉教学的方向，不能把核心素养视为解决中国教育问题的灵丹妙药，似乎有了核心素养就像找到救星一样。核心素养不能作为教育目标的全部，核心素养只是教育目标的重要组成部分。同时，核心素养作为教学目标，其与三维目标也不存在孰高孰低的问题，更不能非此即彼地处理两者关系。因此，基于核心素养的教学目标拟定要统筹考虑三维目标，抽取其中共同的要素。

第二，厘清群体核心素养与个体核心素养的关系。学生核心素养培育中的"学生"指向全体学生的群体，是一个抽象的概念，并非具体的学生个体。而教学中尽管面对的是学生群体，但真正的教学必须做到面向全体的同时，又能很好地兼顾差异，关注到每个具体的学生，这就要求课堂教学必须转型，即从"生本课堂"转换到"自本课堂"。"生本课堂"顾名思义就是以生为本的课堂，这样的课堂教学是基于学生、为了学生、依靠学生而运行，但必须说明的是这里的"生"是一种泛指，是抽象的概念。而"自本课堂"中的"自"指的是每一个学生，以每一个学生为本，重心更加下移。众所周知，不同个体、不同学段、不同学科的核心素养有差异，忌笼而统之地谈培育学生的核心素养。因此，核心素养培育视野下教学改进的着力点之一就是要区分抽象的学生与具体的学生，教学必须切实关注每一个性格迥异的鲜活生命，为每个学生的人生出彩奠基。

2. 依托、整合学科核心素养

核心素养的培育是教育改革与发展追求的大目标，就如同教育目的的实现必须具体、细化到教学目标、单元教学目标，直至课时教学目标。因此，学生核心素养的培育首先必须落实到学科核心素养，即通过各个具体学科的教学来培育学生的学科核心素养。国家在顶层规划设计上的逻辑是"依据核心素养确定学科核心素养，依据学科核心素养修订课程标准与重组教材"，具体到学校的教学实践则要求中小学一线教师积极探索学科核心素养在课堂落地的路径与方法，一句话，核心素养培育视野下的课堂教学改进要聚焦学科核心素养的落地，依托学科核心素养的培育来追求学生关键能力的培养和品格的塑造。

学科核心素养局限于各学科，在此基础之上需要再整合各类学科核心素养，汇聚成学生整体的、综合性的跨学科素养，因为核心素养是一种跨学科或跨界素养。联合国教科文组织2015年发布《反思教育：向"全球共同利益"的理念转变？》的研究报告，提出所有青年人需要具有三类素养：基础素养、跨界素养（共通性素养）和职业素养。上述三类素养构成一个人素养的全部内容，其中基础素养和跨界素养属于人人都需要具备的共同素养，职业素养则属于专门素养。而共同素养中的跨界素养也可称为核心素养。教学中教师应有意识地创设问题情境，引导学生拓展思维能力，运用多学科知识分析问题，培养跨学科问题解决能力，鼓励学生选择个性化的学习方式，开展多样化学习等。通过整合学科核心素养来凝聚、培育学生整体核心素养。

### 3. 开展深度教学

核心素养的培育需要通过深度教学来完成，深度教学是培养学生核心素养的重要路径。所谓深度教学是指教师借助一定的活动情境带领学生超越表层的知识符号学习，进入知识内在的逻辑形式和意义领域，挖掘知识内涵的丰富价值，完整地实现知识教学对学生的发展价值的教学形式。有学者撰文认为，"当前课堂教学的普遍问题是缺乏深度，集中体现为学生体验不深切、思维不深入和理解不深透。缺乏深度的教学难以对学生的学习与发展产生深远的影响，深度教学是当前课堂教学改革向纵深推进的实质与方向"。深度教学指向人的精神、思想情感、思维方式及价值观的生成与提升，因此，基于核心素养培育的教学改进的一个重要着力点就是开展深度教学，要超越传统的知识灌输，转向知识背后去深度探寻知识对人精神世界的意义；使学生由知识"占有式"学习转变为知识"理解式"学习，从而实现人与知识由"认识关系"向"意义关系"的深层转向。同时，深度教学也需要改变学生学习方式的单一化问题，提倡学生学习方式的多样化，换言之，学生文化基础、自主发展和社会参与几个维度的核心素养都需要通过开展深度教学来实现，表层的知识符号占有式的教学很难承担学生核心素养培育的重任。

### （四）教学改进的保障

基于核心素养培育的教学改进不可能在真空中进行，其顺利推进需要相应的条件加以保障，笔者认为这其中最重要的有两点：教师的观念认同问题和评价的跟进问题。

### 1. 教师的观念认同问题

教学改进的前提是教师观念的改变，观念是行动的向导，没有观念的改变就很难有行为上的实质跟进。就教师这个群体而言，其文化具有较强的封闭性和保守性，但凡面对改革，多数教师第一反应多是出于"本能地抵制"，何况在目前新课改提出的三维目标在中小学课堂尚未全面消化、落实的情况下，课堂改革又要落实核心素养，任务艰巨。教师在短期之内能否真正在思想上认同、接纳是一个突出的问题，而这又直接影响和制约教学改进的开展。

### 2. 评价的跟进问题

基于核心素养培育的教学改进能够顺利推进的另一个保障条件就是评价的跟进。核心素养是指向"未来"的，立意较深远，但在现阶段如何具体化、指标化并具有评价上的可操作性是个难题。在文凭社会的格局、考试竞争和分数至上的大背景没有根本改变之前，核心素养如果不能在教育教学评价上体现出来，让学校、学生和家长看到真真切切的变化，则社会的风向标可能转向反面，认为基于核心素养培育的教学改进是在"添堵"。

## 二、核心素养视角下教学改进的组织形式

教学改进的组织形式采用的是多方合作形成教学改进协作体的方式，主要参与方包括来自大学的专家团队和来自不同实验区的教研员团队、学校参与改进的教师团队（教研组）、参与改进的教师本人，以及辅助本研究项目的研究生助理团队。多方协作共同体的构成如图 6-2 所示。

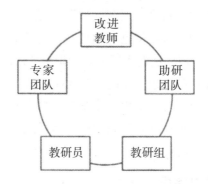

图 6-2　促进课堂教学改进的多方协作共同体

参与多方协作共同体的各方有不同的分工。具体而言，专家团队成员是高校研究者，他们为一线教师的教学改进提供智力支持；区域教研员负责项目具体落实的管理和监督工作，同时也参与实际的教学改进指导；参与改进项目的教师则在高校研究者的指导下开展提升学生英语学科能力的教学课例研究活动；助研团队成员是高校的博士生和硕士生，主要工作是对接项目学校和教师，以协助高校研究者对项目教师的教学指导，及时组织、沟通和协调学习共同体中三方的协同配合；教师所在的教研组则提供必要的帮助，同时也是教师学习、进步的受益群体。

# 第四节　核心素养视角下英语学科能力教学改进案例分析

基于核心素养的英语学科能力教学改进项目有很多案例，在这一节我们从教学诊断、改进阶段和教学改进的实施效果及反思三个方面展开，介绍并分析

发展学生学科关键能力教学改进案例。

　　本案例重点介绍某中学教师从碎片化知识讲解到活动化学科育人、从教师控制到学生学习为中心的课堂的转变过程。

## 一、教学诊断

### （一）基本情况简介

1. 改进班学情介绍

　　参与本次英语教学改进的是某中学高一重点班学生，全班学生学习态度端正，上课认真听讲，课下按时完成作业，虽然对英语有较高的学习兴趣，但课上喜欢相互分享英语学习经验的学生为数不多；虽然大部分学生英语基础较好，具备用英语简单表达自己观点的能力，但他们习惯于被动接受知识；少部分学生英语基础较弱，且对英语学习有一定的排斥心理。

2. 改进班教师基本情况

　　该教师毕业于北京师范大学外文学院，获得英语语言文学硕士学位。毕业后进入该中学，教授高一年级两个班英语。参加教学改进项目之前，该教师已完整教过一轮高中，送走了自己职业生涯中的第一届毕业生。由于过去三年工作成绩较为出色，新的学期学校领导不仅让她教高一年级两个班，还让其兼任其中一个班的班主任。尽管工作量比过去增加不少，但是该教师依然对参加项目抱有极大的热情。

3. 改进前教学情况

　　教学改进项目开始时收集的教学设计和日常课录像从不同角度反映出该教师参与教学改进项目之前的教学常态，同时也暴露出一些值得探索的问题。

　　——"教师控制"现象严重，不利于培养学生思维能力及思维品质。该教师无论是在教学设计中还是教学活动中多采用问答形式：教师问—学生答；学生被教师牵着鼻子走，其思维空间受到限制。

　　——教学设计呈模式化、碎片化趋势。教学活动不是基于文本的主线和内在逻辑设计，而是舍弃对文本意义总体的理解，直接程序化、模式化地概括段落大意，给文本分段。这种状况很可能导致知识碎片化，并限制学生思维的发展。

### （二）改进前诊断结果

#### 1. 启动会及备课研讨

在了解高中英语教学改进项目的基本情况及新学期的目标任务后，参与改进项目的教师和学科指导教师进行了交流，召开了英语学科新学期教学改进启动会。交流的主要内容包括：

——学习"学科能力"及"英语学科能力表现框架"的界定及内涵。课题组指导教师针对"学科能力"及"英语学科能力表现框架"进行专题讲座，然后结合该教师的教学实际进行现场答疑。

——依据"英语学科能力表现框架"确定教学改进的内容。在理解"英语学科能力表现框架"的基础上，结合该教师所教班级学生的学情及该教师的教学任务与教学进度，该教师、教研员与学科指导教师一起讨论决定教学改进的内容为北师大版高中英语必修2模块2第5单元第3课Experiment in Folk。该课共两课时，其核心主题为"音乐"，在英语学科能力表现指标体系中属于"文学与艺术"话题；在活动主题形式上，以阅读为主。

——依据"英语学科能力表现框架"形成初步的备课思路。在商定教学改进的目标后，该教师、教研员根据自身的教学经验以及对"英语学科能力表现框架"的理解对文本进行初步解读分析，并在学科指导教师的指导下初步形成备课思路。

此次交流加深了参与改进项目的教师和教研员对高中英语教学改进的理论体系及项目流程的认识，确定了准备改进的教学内容及改进班与对照班。接下来由教学改进团队协调实施学科能力前测，以确定改进班学生在学科能力上的表现，以便教学改进有的放矢，真正改进教学，从而促进学生的学习。

#### 2. 前测结果分析

项目组专家团队根据"英语学科能力表现框架"，结合Experiment in Folk一课的核心主题"音乐"，拟制了前测测评工具。参加测试的改进班和对照班共70名学生，学生样本信息如表6-2所示；测试时间为45分钟。测试期间，考场纪律良好，考生答题认真，为后续的数据分析和诊断打下了良好的基础。

表 6-2 参加前测的学生样本信息

| 改进年级 | 改进班 | 对照班 | 总计 |
|---|---|---|---|
| 高一 | 37 人 | 33 人 | 70 人 |

图 6-3 显示了改进班和对照班前测总能力及 A、B、C 能力对比及分析。

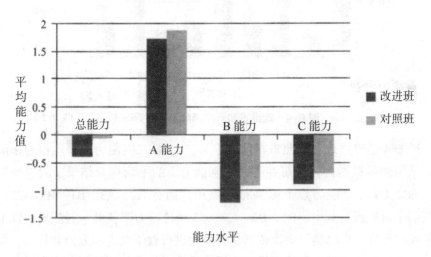

图 6-3 改进班和对照班前测总能力及 A、B、C 能力

通过单维 Rasch 和多维 Rasch 模型计算出改进班和对照班的总能力及各级能力 A、B、C 的值。从图 6-3 可以看出，在总能力方面，改进班低于对照班。在各级能力方面，改进班也都低于对照班。这就为本次基于学科能力的教学改进确立了基本方向，即依据"英语学科能力表现框架"，在总体提高改进班学生各级能力（即英语学习理解能力、应用实践能力及迁移创新能力）的基础上，着重提高改进班学生的英语应用实践能力。这意味着改进教师和学科指导教师在后续的教学改进中要有的放矢，着重关注如何使学生有效地综合运用英语知识和技能进行交际。同时，也要有意识地提升学生的 C 能力，培养学生在个体知识、思维、人格等因素的作用下，面对新的情境，能够整合已有知识和信息，探究解决语言交际中的问题，并在英语学习活动过程中创造新的成果。

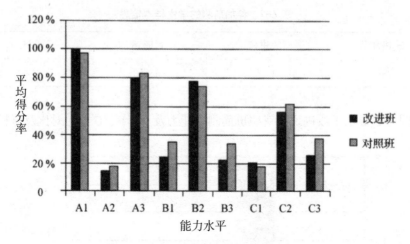

图6-4　改进班和对照班前测平均得分率

　　图6-4是改进班和对照班在前测中 A、B、C 二级能力的平均得分率的对比。从图中可以看到两个班在三个级别能力上的平均得分结果。改进班仅在 A1、B2、C1 三个能力点上略高于对照班，而在 A2、A3、B1、B3、C2、C3 上均弱于对照班，其中，B1、B3、C2、C3 四种能力明显低于对照班。以上结果使项目组进一步明确了本次依据学科能力进行教学改进的方向和目标。也就是说，本次教学改进要在兼顾提升改进班学生总能力的前提下，集中提高学生的 B1、B3、C2、C3 四种能力，即描述阐释、整合运用、创造想象及批判评价的能力。

　　从以上的数据及分析可以看到，总能力及 A、B、C 能力的对比结果为教学改进提供了改进的方向，而各二级能力得分率的对比结果为教学改进明确了改进的目标。所以，在教学诊断阶段，教学改进团队及改进教师要综合考虑各项指标，例如，前测数据结果、日常课分析结果等，从而做出合理的教学诊断，促进教学改进效果。另外，还需要注意的是，即使在教学诊断阶段，教学改进团队及改进教师综合考虑了各项指标且确定了合理的教学改进方向和目标，但是在教学改进阶段，要在全面提高学生的总能力的前提下，有针对性地依据教学改进的方向和目标进行教学改进，从而弥补学生相对较弱的能力点，促进学生总能力的全面提升。

## 二、改进阶段

### （一）说课及研讨

在初次备课的集中展示期间，改进教师再次学习"英语学科能力表现框架"，基于此框架设计准备改进内容的说课稿，就所改进内容进行现场说课。以下是该教师的教案。

1. 教学目标

在本课学习结束时，学生能够达到以下目标，如表 6-3 所示。

表 6-3　说课阶段教学目标

| | 教学目标 |
|---|---|
| 教学基础 | 概括每段段落大意，理清文章结构，获取孔祥东在不同阶段弹奏钢琴的事实性信息 |
| 重点难点 | ①从文本信息中推断、总结孔祥东的优秀品质，感受到他是一个值得学习的人；<br>②欣赏中国民族音乐的美，愿意更多地关注中国民族音乐甚至热爱中国民族音乐，意识到自己对传承中国民族音乐的责任 |
| 突破方法 | 逐渐养成通过整合、分析、推理、评价等主动思考过程深入理解文本内涵的意识 |

2. 教学流程图

情境导入→处理文本信息→深入挖掘文本信息→整合运用文本信息→评价总结。

3. 教学过程

说课时，改进教师设计的教学过程如表 6-4 所示。

表 6-4　说课阶段教学过程

| | 教学过程 | 时间 | 设计意图 |
|---|---|---|---|
| Step 1<br>情境导入 | 让学生欣赏孔祥东梦之旅音乐会上的钢琴演奏《我的祖国》<br>（1）How was the performance?<br>（2）What impressed you most?<br>（3）What do you want to know about him? | 10min | 通过视频使学生获得用钢琴弹奏中国民族音乐的美好情感体验；激发学生想要了解孔祥东的欲望 |

续表

| | 教学过程 | 时间 | 设计意图 |
|---|---|---|---|
| Step 2<br>处理文本<br>基本信息 | （1）整体处理：<br>① Ask students to read the text and summarize the main idea of each paragraph.<br>② Ask students to divide the text into 3 parts.<br>Part 1：a. Introduce the concert<br>Part 2：b. How he learned piano as a child and his achievements<br>c. Experimenting，Dream Tour Concert<br>d. Changing his appearance<br>Part 3：e. Evaluation<br>（2）细节处理：<br>① Ask students to take down the time phrases as well as what happened during that time and reorganize them in order of time.<br>From birth；5 years old/7 years old/In 1986<br>After years of performing；Last week：When he arrived<br>② Ask students to check the key words on the blackboard taken down by someone. Students talk about Kong's experience as a pianist according to the key words on the blackboard. Ask students to make comments about Kong's earlier experience in learning piano. | 24min | 整体了解文本大意，感知文本结构框架；培养学生准确概括信息的能力和初步整合信息的意识。<br>具体了解孔祥东作为一名钢琴演奏家在不同阶段的经历；培养学生提取、整合、推断信息的能力；初步感知孔祥东的努力与坚持，为理解下文做铺垫 |
| Step 3<br>深入挖掘<br>文本信息 | （1）Deal with the questions put forward by the students at the beginning of the class.<br>① Why did Kong shave off all his hair?<br>② Why did Kong play Chinese folk music on the piano?<br>（2）Ask students to think over the questions put forward by the teacher. If necessary， they can read the text again and they can also have a discussion within groups.<br>① What does Kong mean by "he felt that in some ways he had lost his identity"？<br>② Why was the concert named Dream Tour Concert？<br>③ What can you infer from "he shaved off all his hair—he decided his hairstyle had to be new too"？ What made Kong think of the idea of "combining classical music with Chinese folk music"？ | | 对课文细节信息的查漏补缺；继续调动学生积极参与的主动性。引导学生由表及里，深层次思考文本内涵，在此过程中了解音乐的伟大，并培养学生通过分析、推理等思维活动获取新信息的学科素养 |

续表

| 教学过程 | | 时间 | 设计意图 |
|---|---|---|---|
| Step 4<br>综合运用<br>文本信息 | Ask students to present an interview in groups of three.<br>（1）Review what we have learned today.<br>（2）Make sure students understand the tasks:<br>① Two students as presenters; one as Kong.<br>② The structure of the interview.<br>③ The focus of presenters and Kong.<br>（3）Students prepare the interview.<br>（4）Students present the interview.（Two groups）<br>（5）The other students evaluate the performance. | 23min | 内化所学，更加真实地走近孔祥东；培养学生整合运用语言学习的能力 |
| Step 5<br>评价总结 | （1）① What do you think of Kong Xiangdong?<br>② Of all the qualities，which one deserves you to learn most? Why?<br>（2）① How do you think of Chinese folk music?<br>② What can we do to help the development of Chinese folk music? | 10min | 回归到文本的两条主线，总结文本，升华学生对人物和事件的认识，培养学生评价的能力 |
| Step 6<br>课后作业 | （1）Watch Kong's another performance（《将军令》）.<br>（2）Collect more examples of integrating（融入）Chinese folk music. Make a presentation next class in groups of three. | | |

　　说课结束后，学科指导教师现场对该教师的教学设计进行了点评，认为该教师的教学设计层次分明，主线明确，活动的设计总体上遵循了文本的意义，在一定程度上结合并融入了"英语学科能力表现框架"。这说明该教师已经对"学科能力表现框架"有了进一步的理解，并逐渐开始尝试将其应用到教学中来。由于该教师的充分准备，学科指导教师对她的教学设计给予肯定，同时指出，从设计上来看，该教学设计存在两点问题：第一，教师课堂控制多，教学过程中学生基本都是跟着教师设计好的问题及步骤走；第二，没有给学生留出时间和空间进行文本解读。在此基础上，学科指导教师就本次该教师说课的表现提出如下几点改进建议。

　　第一，调整文本解读的落脚点。文本解读以让学生热爱中国传统文化为落脚点，可能有些牵强，难以引起学生的共鸣。因为文本中主人公孔祥东从发现"lost his identity"到"went back to his roots and rediscovered the beauty in Chinese folk music",从而"experimenting with different styles"这一系列的意识和变化在一定程度上体现出了他对中国传统文化的热爱,但是,这并不是文本的主题,也仅仅出现在文本第三段;而文章从题目到文本意义本身的主线主要是孔祥东不满足于现有成就,敢于不断创新。另外,从学生对热爱中国传统文化与突破创新这两个主题的倾向,以及教师在课堂上对这两个主题推进的顺利程度进行预测,后者可能会更加自然、更容易引起学生的共鸣,促进课堂的顺利推进。所以,学科指导教师建议该教师抓住文本主线,考虑将孔祥东不满足于现有成就而不断创新作为文本的落脚点。

第二,培养学生解读文本的能力。该教师已经具有挖掘文本的意识,但是却处在自己埋头挖掘文本的阶段,而忽视了学生对于文本的感受及理解能力。也就是说,如果教师只关注自己对文本的分析与解读,而不考虑学生的英语学科能力发展,这样可能会影响课堂的推进,从而影响教学效果。所以,学科指导教师建议该教师结合学生现有的英语学科能力水平,给学生自己解读文本的思维空间,培养他们解读文本的能力。

第三,段落大意的处理须遵循文本的意义。对段落大意进行处理的前提是对文本有正确的解读,抓住文本的主线;对段落大意进行处理的目的是使学生更加清晰地理清文本主线,从而帮助学生更好地理解文本的意义。所以,学科指导教师建议该教师不要习惯性地采用程式化和技术化的手段来处理段落大意,即不要一上阅读课首先进行的步骤就是概括段落大意,为了概括段落大意而将文本碎片化,让学生在阅读时脱离文本的主线,单独针对某一段落训练学生的概括能力。例如,该教师在其教学设计 Step2 处理文本信息时,在没有对学生做任何的阅读铺垫、学生对整个文本没有任何感知的情况下,就让学生"…to read the text and summarize the main idea of each paragraph. Ask students to divide the text into 3 parts."这就是在程序化、机械化地推进课程进展,用碎片化的文本来训练学生的概括能力,学生最终获得的只是碎片化的信息。这样的做法不仅不利于学生把握文本的主线,而且有可能会降低学生阅读文本的欲望,不利于学生阅读素养的培养。所以,学科指导教师建议该教师在处理段落大意时,遵循文本的主线,让学生从总体上感知与理解文本的意义,在理解文本意义的基础上,再让学生自己去分析和获取文章的结构。

第四,避免预设答案,要根据学生的回答现场生成答案。学科指导教师提醒该教师对有些问题不要预设答案,以免限制学生的思想,要把问题抛给学生,鼓励学生积极思考,发散思维,根据学生的回答,整合生成问题的答案。例如,

"Ask students to take down the time phrases as well as what happened during that time and reorganize them in order of time." 该教师已经将文本中出现的时间短语按时间顺序罗列出来，以便给学生提示。其实，该教师在此可以放手让学生自己来发现和列出时间顺序，因为他们的认知能力早已大大超过排序阶段，且有母语的学习能力，这样低层次认知水平的学习任务，他们不要任何提示照样可以完成。由于个体差异，也许某一位或某一组学生不能把所有的时间短语在规定的时间内找出来，那也只是时间长短问题，而不是学生认知能力问题。在教学过程中放手让学生发现问题，解决问题，不仅有利于培养学生独立思考的能力，促进学生思维能力的发展，而且即时整合生成答案是对学生课堂表现的积极反馈与肯定，有利于增强学生学习英语的兴趣与信心，更好地调动学生参与课堂活动的积极性。虽然不预设答案，即时整合生成答案这种做法可能会给部分教师带来一定的挑战，这种挑战不仅包括英语语言能力本身，而且还包括广泛的背景知识，但是，这正是教师向学生学习的机会，教师要敢于说 "I'm not sure." "I really don't know. Can you tell me?" "Let's check together."。以学生为中心，让学生积极参与到课堂中来，培养其英语学科能力，其实学生的答案也会拓展教师的思维，这是促进教师与学生思维能力的双赢举措。

第五，结合"英语学科能力表现框架"与教学诊断结果，优化教学设计。学科指导教师建议该教师根据"英语学科能力表现框架"与教学诊断结果，在提高总能力的前提下，着重提高学生需要提高的各二级能力点，并将这些能力点清晰地体现在教学设计中，为教师提供明确的方向、目标。例如，教学目标中要体现出每一项教学活动是以培养学生的何种能力为出发点的。教学目标需要基于学生的需求，根据理想的且可实现的教学目的来制定。

通过教学诊断和分析发现的需要提高的学生能力点应在教学目标中予以体现，以明确课程在规定时间内所要达到的目标。这样有利于教师在进行教学设计与教学活动时，以学生为中心，满足学生的需求，使教学效果和学习效果最大化。

## （二）试讲

1. 第一次试讲及改进策略

以下是该教师教学设计中的教学目标、教学重点、教学难点和教学过程（如表 6-5 所示）。

教学目标：

（1）学生能够概括、整合、想象孔祥东弹钢琴的人生经历，并在此基础上推断孔祥东的优秀品质（培养学生 A3 提取概括、B3 整合运用、C1 推理论证、C2 创造想象的能力）；

（2）通过小组合作，在同伴帮助下能够介绍、评价孔祥东，并就孔祥东的经历提出相关问题；（培养学生 B1 描述阐释、C2 创造想象、C3 批判评价的能力）；

（3）学生能够通过反思自己的行为，找出最需要向孔祥东学习的地方。

教学重点：

学生能够通过获取、想象孔祥东的人生经历推断孔祥东的优秀品质。

教学难点：

学生能够介绍、评价孔祥东，并就孔祥东的经历提出相关问题。

教学过程：

表6-5　第一次试讲教学过程

|  | 教学活动<br>Activities | 教学意图<br>Intentions | 对应学科能力表现框架中能力点 |
|---|---|---|---|
| Step 1<br>导入 | Ask students to predict who Kong is and what this article might be about. | 培养学生预测想象的阅读能力；激发学生的阅读欲望 | C2 创造想象 |
| Step 2<br>获取、<br>分析<br>文本信息 | （1）Students read the text and share what they are most impressed by;<br>（2）Students enjoy My Motherland played by Kong;<br>（3）Students divide Kong's life experience according to their own understanding, share their division and decide the most reasonable one;<br>（4）Students predict what might happen and how Kong might feel in each stage of his life; Students share their predictions together;<br>（5）Students make comments on Kong based on the information accumulated. | 学生通读全文提取信息；<br>欣赏孔祥东的表演，静态的文字和动态的视频相结合丰富学生的感知；<br>学生主动建构文本意义使其结构化，培养学生整合信息的能力；<br>学生想象孔祥东的经历和感受，丰富文本信息，使客观的叙事形象化；<br>学生评价孔祥东，培养学生推理论证的学科能力 | A3 提取概括<br>B3 整合运用<br>C2 创造想象<br>C1 推理论证 |

续表

| | 教学活动<br>Activities | 教学意图<br>Intentions | 对应学科能力表现框架中能力点 |
|---|---|---|---|
| Step 3<br>运用、<br>拓展<br>文本信息 | Suppose our school has a chance to invite Kong to give us a report. Students need to work in groups of 4 to finish the following preparation:<br>A.How to introduce Kong at the beginning of the report;<br>B.What do you expect him to talk about?<br>C.Raise questions that you would ask Kong after he finishes his report?<br>D. How to evaluate Kong at the end of the report.<br>（1）Students work in groups of four and choose one task and complete it individually;<br>（2）Students are divided into two parts. In each part, students who work on the same tasks get together, share their results and write down their final achievements on the handouts.<br>（3）Students share their final achievements with the whole class. | 小组分任务，给学生提供自主选择的机会，可以激发学生的学习兴趣；学生完成不同的任务，给学生提供互相学习的平台；<br>在获取、分析文本信息的基础上运用、拓展文本信息，培养学生的B1描述阐释、B3整合运用、C2创造想象、C3批判评价的能力 | B1 描述阐释<br>B3 整合运用<br>C2 创造想象<br>C3 批判评价 |
| Step 4<br>总结 | Students summarize what they have learned and reflect on their own life. | 由学习孔祥东到反思自己，落实本课的育人目标 | — |
| Step 5<br>作业 | （1）Write Kong an E-mail, telling him we have learned his story, sharing with him our thoughts and asking questions that we are curious about.<br>（2）Watch Kong's another performance（《将军令》）. | | |

该教师结合学科指导教师提供的建议进一步完善了第一次试讲的教学设计。这次的教学设计弥补了说课与研讨阶段的不足之处，并在以下几个方面做了改进。

相比较说课时，比学生无目的地欣赏孔祥东"梦之旅"音乐会上的作品《我的祖国》，改为在导入时，用PPT呈现孔祥东和钢琴的画面，该教师让学生预测孔祥东是谁以及文本内容。这样处理使教学活动更加有目的性，让学生基于已知信息（孔祥东和钢琴的画面）发挥想象，预测文章大意；这样不仅有利于培养学生在阅读时创造想象的能力，还有利于激发学生的阅读兴趣。

在第二个步骤，获取文本信息时，该教师让学生首先通读全文，对文本意义有初步的感知，然后再进行其他教学活动。虽然教师让学生读课文并分享什么使他们印象最深的活动目的性不强，并且从学生现场的反馈来看，这一教学活动基本没有效果，但是，该教师已经开始有意识地引导学生从文本的意义入手去解读文本，摒弃程序化、机械化地通过碎片化的知识来解读文本。所以，这次教学设计在处理了解段落大意与培养学生解读文本的能力方面已有明显的改进，这些改进为学生英语应用实践能力的提高打下了基础。

学科指导老师通过分析该教师第一次试讲的教学设计和第一次试讲的效果还发现了一些问题。首先，该教师将"英语学科能力表现框架"和教学设计的结合有些生硬。例如，在步骤二获取、分析文本信息时，该教师让学生基于所得信息评论孔祥东，其教学意图是"学生评价孔祥东，培养学生推理论证的学科能力"，并认为这一活动紧扣学科能力表现框架中的C1推理论证这一能力点。而实际上，让学生对孔祥东做出评价，并非是让学生整合文本中的线索、逻辑、因果关系等，推断出未知信息，而是让学生利用已知信息为理据，进行论证和评判，发散批判性思维，提出令他人信服的个人见解，这一能力属于"英语学科能力表现框架"中的C3批判评价，活动的设计与能力点（C1推理论证）不匹配。

另外，该教师对"英语学科能力表现框架"能力之间的逻辑层次缺少足够的关注。例如，通过现场观摩课堂发现，在步骤二获取、分析文本信息时，让学生读课文并分享什么使他们印象最深，这一教学活动让学生提取的信息并没有实际有效地运用到"学生根据自己的理解将孔祥东的生活经历划分为几个阶段"的活动中去——也就是说前一个活动的结果并没有为后一个活动的开展做铺垫，二者是分离的。而这两个活动所扣的"英语学科能力表现框架"的能力点分别是A3提取概括和B3整合运用。这就意味着A3提取概括并没有为B3整合运用做铺垫。根据"英语学科能力表现框架"，能力A3提取概括和B3整合运用分别属于上一级能力A英语学习理解能力和B英语应用实践能力，而根据"英语学科能力表现框架"的内涵，B能力水平高于A能力水平，所以在学生B能力薄弱的情况下，理应以体现A能力的教学活动为铺垫，逐步过渡到含有B能力的教学活动，这样就不会让学生在运用B能力时感到过于吃力，课堂教学活动的推进会更为顺利，同时，学生的B能力也会得到锻炼与提升。由此可见，该教师对"英语学科能力表现框架"中各个能力点的内涵以及其所在的能力点之间的逻辑层次有待进一步学习与理解。

通过教学设计及现场课可以看出，相对初始的说课与研讨阶段的教学设计，该教师第一次试讲的教学设计有明显的改进，虽然教学效果有待提升。针对第一次试讲的情况，学科指导教师给该教师提出以下意见和建议。

——教学设计要有效结合教学诊断结果。通过教学诊断结果得出，本学期教学改进在提高学生整体语言与思维能力的基础之上，重点提高 B1 描述阐释、B3 整合运用、C2 创造想象、C3 批判评价四种能力，所以，该教师在设计教学时需要将这四种能力融合到活动设计中，以达到改进教学、使学习效果最大化的目的。

——"教师控制"的现象依然很严重，要把主动权交给学生。在第一次试讲中，该教师的指示语几乎都是对学生的提问与任务安排，学生基本是在被动地回答问题，鲜有机会自己主动地提出问题。显然，教师过于控制课堂导致学生没有自主权。当然，这种方式让教师有"安全"感，不会受到学生的"挑战"，却在某种程度上限制了学生思维能力的发展，也违背了发展学生"学科能力"和"思维品质"的出发点。所以，学科指导教师建议，在教学活动中，要设计一些环节将主动权交给学生，由学生发起提问。例如，在第一个步骤中，教师展示图片（孔祥东和钢琴）后，不仅可以让学生预测文本的主题与内容，而且可以鼓励学生对文本提一些自己想知道或感兴趣的问题。虽然这时学生没有阅读文本，但是，图片（孔祥东和钢琴）本身给学生们传达了一些关于文本的信息，学生可以通过这些信息进行推理判断、预测文本的主题内容，在这个过程中，学生自然会提出一系列的问题，如孔祥东是谁、他与钢琴有什么关系等。这样的做法不仅有利于培养学生勤学好问的精神，也有利于提高学生的阅读素养及思维品质。

——抓住文本主线，确定文本主题。虽然该教师有文本主题的意识，也抓住了文本的主线，但是在第一次试讲中没有将这两点很好地落实到教学设计和教学活动中去。对于本课的内容，在抓住文本的主线后，可以确定文本的主题是孔祥东不满足于现状、勇于创新的精神。在教学设计中需要围绕文本的主题，在学生感知文本意义的基础上，获取文本的篇章结构。然后再遵循文本的主线，在老师的引导下循序渐进地理解文本各个部分的意义，使学生能够用英语叙述文本主题，能够用事实和道理来证明和阐述观点，以有效地促进学生"学科能力"的发展，尤其是提高改进学生的英语应用实践能力。

——教师教学活动中问题难度的设置要符合学生的能力。该教师设计的问题在思维层次上缺少考虑，有时候问题抛出后出现冷场现象，导致她在试讲时"自问自答"。学科指导教师建议教师在设置问题时，要结合学生的能力，问题的难度应符合最近发展区的原则，让学生"稍稍跳一下"就能达到目标：有一定的挑战,但是难度不过大,不至于学生无法作答。对于思维层次稍高的问题,教师也可以将问题分解成不同思维层次的小问题,然后引导学生从思维层次较低的问题入手,逐渐过渡到思维层次较高的问题。这样将问题的难度分解,有利于让学生参与到课堂互动中来,从而训练学生的思维能力。例如,在第一次试讲的教学设计中,步骤二获取、分析文本信息的活动,该教师让学生基于已有信息评价孔祥东,体现了"英语学科能力表现框架"中的C3批判评价,属于最高的能力水平。对于改进班学生的能力水平来说,在对文本意义没有充分理解之前,就给学生设计含有C3批判评价能力水平的问题,可能会给学生带来巨大的挑战,以至于学生打退堂鼓,最终导致教师"自问自答"的现象。当然,在注意设置问题不要过难的同时,也要注意问题不能过于简单,不能对学生没有任何挑战,以免降低学生的学习积极性。

——保证每项教学活动的目的清晰明了。教师在设计教学活动时,每项教学活动都是有目的的,需要在教学目标的指导下,循序渐进,层层推进。若是某项教学活动没有任何目的,就有可能达不到教学效果,无法提高学生的能力,从而浪费学生的时间。另外,相同的教学活动,位于不同的教学环节,可能会产生不同的教学效果,这都取决于教学活动的目的。

——保证教学指示语简洁明了。简洁明了的教学指示语有利于学生理解教师的课堂指令,以提高教学的有效性。

2. 第二次试讲及改进策略

该教师做了第二次试讲。以下是这次试讲的教学设计中的教学目标、教学重点、教学难点和教学过程(如表6-6所示)。

教学目标:

(1)学生能够提取、整合孔祥东弹钢琴的人生经历,在此基础上根据每一阶段的特点通过阐释、分析、推断等思维活动获得孔祥东的优秀品质(培养学生A3提取概括、B1描述阐释、B2分析判断、B3整合运用、C1推理论证、C2创造想象的能力);

(2)学生能够解释孔祥东改变音乐风格尝试民族音乐的必然性(培养学生B2分析判断、B3整合运用的能力);

(3)通过小组合作,在同伴帮助下,学生能够介绍、评价孔祥东(培养学生B1描述阐释、B3整合运用、C3批判评价的能力)。

教学重点:

学生能够提取、整合孔祥东弹钢琴的人生经历,并在此基础上根据每一阶段的特点通过阐释、分析、推断等思维活动理解孔祥东的优秀品质。

教学难点：

（1）学生能够解释孔祥东改变音乐风格尝试民族音乐的必然性；

（2）学生能够介绍、评价孔祥东。

教学过程：

表6-6　第二次试讲教学过程

| | 教学活动<br>Activities | 教学意图<br>Intentions | 对应学科能力表现框架中能力点 |
|---|---|---|---|
| Before reading | | | |
| Step 1<br>Word help | Teacher leads students to go over the new words one by one. | 扫清词汇障碍 | — |
| Step 2<br>Prediction | Students predict what they can get from the titles and the picture. | 培养学生预测想象的阅读能力 | C2 创造想象 |
| Step 3<br>Questions | Students raise questions they want to ask about the text. | 激发学生的阅读欲望 | — |
| While reading | | | |
| 1st reading | Students read the text and answer the questions raised by themselves earlier. | 初步感知文本，解答学生疑惑 | A3 提取概括 |
| 2nd reading | Students read the text, complete Kong's music experience in order of time and divide it into several parts. | 整体细读文本，获取文章结构 | A3 提取概括<br>B3 整合运用 |

|  | 教学活动<br>Activities | 教学意图<br>Intentions | 对应学科能力表现框架中能力点 |
|---|---|---|---|
| 3rd reading<br>Detailed reading | Students read each part of Kong's music career and answer questions.<br>1st part: practiced piano hard and became a great pianist<br>（1）What made Kong become a great pianist?<br>（2）Of all these reasons, which one or which ones are the most important?<br>（3）Why didn't he give up?<br>2nd part: became famous worldwide<br>Why could Kong become famous worldwide?<br>3rd part: lost his identity<br>（1）What is Kong's identity?<br>（2）What does he mean by saying "in some ways he had lost his identity"?<br>（3）How did he regain his identity?<br>4th part: Dream Tour Concert<br>（1）Why was the concert named Dream Tour Concert?<br>（2）Why did Kong shave off his hair? Was it only because his music style was new? | 根据文章结构细读文本，由表及里，挖掘文本内涵，感受孔祥东热爱音乐、永不满足、努力创新、坚持梦想的品质。 | B2 分析判断<br>C1 推理论证<br>B1 描述阐释<br>A3 提取概括<br>B3 整合运用 |
| Summary | （1）Students read what they have got together.<br>（2）Ask students to explain further why Kong is creative and imagine what Kong's music career will be like in the future. | 回顾课上所学，回归标题，整合信息，理清本文暗线 | B2 分析判断<br>B3 整合运用<br>C2 创造想象 |
| Post reading | | | |
| Listening | Students listen to the tape twice. | 为输出活动做准备 | A3 提取概括 |

续表

|  | 教学活动<br>Activities | 教学意图<br>Intentions | 对应学科能力表现框架中能力点 |
|---|---|---|---|
| Output | Students work in groups and discuss how to introduce Kong if he were to give us a report in our school. | 整合运用文本信息，总结评价升华认识。 | B1 描述阐释<br>B3 整合运用<br>C3 批判评价 |
| Appreciation | Students enjoy "My motherland" played by Kong Xiangdong. | 让学生体验孔祥东新的音乐风格。 | — |
| Homework | （1）Write a passage entitled "Kong Xiangdong in my eyes".<br>（2）Watch Kong's another performance《将军令》. |  |  |

从第二次试讲的教学设计可以看出，该教师对教学设计进行了较大幅度的调整。为了使教学目标与"英语学科能力表现框架"直接相关，删除了第一次试讲中的"学生能够通过反思自己的行为，找出最需要向孔祥东学习的地方"，增加了"学生能够解释孔祥东改变音乐风格尝试民族音乐的必然性（培养学生B2分析判断、B3整合运用的能力）"。另外，该教师还优化教学目标（1）为"学生能够提取、整合孔祥东弹钢琴的人生经历，在此基础上根据每一阶段的特点通过阐释、分析、推断等思维活动获得孔祥东的优秀品质（培养学生A3提取概括、B1描述阐释、B2分析判断、B3整合运用、C1推理论证、C2创造想象的能力）"，添加了孔祥东人生发展的阶段性特点或成就。这就意味着，教师在教学活动中，要引导学生在初步理解文本意义的基础上，再逐步解读文本的细节。

在第二次试讲中，该教师仍然表现出严重的"教师控制"现象。特别是在"Detailed reading"部分，该教师对各段落的处理方式几乎都是教师抛出问题，学生被动回答问题。这次试讲之后，避免"教师控制"成为该教师教学改进的重点。

基于第二次试讲课堂观摩，学科指导教师提出以下意见和建议。

建议调整步骤一中"Word help"部分。从学生的英语水平与课文Experiment in Folk中的词汇难度来看，教师无须单独讲解词汇，可以借助语境引导学生习得词汇。

培养学生自己提问题的习惯。改进"教师控制"现象的方法首先是要把提问的主动权给学生，让学生参与到教学互动中来。例如，第二次试讲的步骤三提问环节，该教师让学生根据文本内容及图片提问并对学生的问题给出反馈。对 Yes/No 型的问题，如"Is he a pianist？"该教师让学生自己回答；对如"Why is he bald？"这种涉及文章主题的、思维层次高的问题，该教师引导学生带着问题去理解文本，寻找答案。这样从学生的需求出发，带着问题去分析、理解文本，有利于调动学生参与课堂的积极性。其次，该教师尊重学生提出的问题，并给出反馈，有利于帮助学生辨别不同层次问题的能力，培养学生自己提问题的习惯。

建议调整第二遍阅读（Second reading）部分的时间。该教师在第二遍阅读环节中使用下表( 如表6-7所示 )让学生按时间顺序完成孔祥东音乐生涯的经历。

表 6-7　孔祥东音乐生涯的经历

| When | What happened |
| --- | --- |
| From birth | |
| 5 years old | |
| 7 years old | |
| at the age of 18 | |
| after years of performing | |
| last week | |

虽然学生是通过快速阅读寻找详细信息的，但从现场观摩来看，这部分耗时过长，而且表格的填写也没有从直观上给学生后面的分段活动提供帮助。

建议调整第三遍阅读（Third reading）部分的教学设计。第三遍阅读部分的基本模式是"Ask—Answer"，同时又存在"教师控制"的现象，教师牵着学生走。学科指导教师建议该教师调整此部分的教学设计，释放并激活学生的思维。

3. 正式讲

正式讲的教学设计中教学目标、教学重点、教学难点和教学过程（如表 6-8 所示）如下。

教学目标：

（1）学生能以坐标图的形式提取孔祥东弹钢琴之路上的关键事件，并在此基础上整合孔祥东弹钢琴的人生经历信息，将其划分成几个阶段（培养学生

A3 提取概括、B3 整合运用的能力）；

（2）学生能根据孔祥东弹钢琴经历的每一阶段的特点，通过阐释、分析、推断等思维活动获得孔祥东的优秀品质（培养学生 B1 描述阐释、B2 分析判断、C1 推理论证的能力）；

（3）学生能在整合孔祥东弹钢琴的人生经历和他的优秀品质的基础上介绍孔祥东（培养学生 B3 整合运用的能力）；

（4）学生能通过向孔祥东提问题深化对孔祥东的认识并评价孔祥东（培养学生 C3 批判评价的能力）。

教学重点：

学生能够提取并整合孔祥东弹钢琴的人生经历信息，并在此基础上根据每一阶段的特点通过阐释、分析、推断等思维活动理解孔祥东的优秀品质。

教学难点：

学生能通过向孔祥东提问题深化对孔祥东的认识并评价孔祥东。

教学流程：如图 6-5 所示。

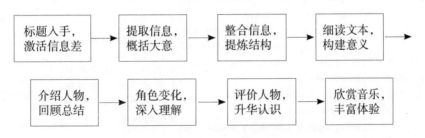

图6-5 正式讲阶段教学流程

教学过程：

表6-8 正式讲阶段教学过程

| | 教学活动<br>Activities | 教学意图<br>Intentions | 学科能力点 |
|---|---|---|---|
| | Before reading | | |
| Infer, raise questions and predict | Students infer new information from the title and the picture, raise questions about what they want to know about the text, and predict what the text might mainly talk about. | 培养学生推理论证、创造想象的阅读能力；激发学生的阅读欲望 | C1 推理论证<br>C2 创造想象 |

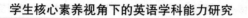
续表

|  | 教学活动<br>Activities | 教学意图<br>Intentions | 学科能力点 |
|---|---|---|---|
| While reading | | | |
| 1st reading | Students read the text answer the questions raised by themselves and get the general idea. | 初步感知文本，解答学生疑惑，获取文章大意 | A3 提取概括 |
| 2nd reading | Students read the text, complete Kong's music experience in the coordinate graph and divide it into several parts. | 整体细读文本，获取文章结构 | A3 提取概括<br>B3 整合运用 |
| 3rd reading<br>Detailed reading | Students read each part of Kong's music career and finish the following tasks.<br>1st part: practiced piano hard and became famous worldwide<br>Read between the lines to get more information that helps you to understand why Kong could become famous worldwide.<br>2nd part: lost his identity<br>What was Kong's identity?<br>What does he mean by saying "in some ways he had lost his identity"?<br>3rd part : Dream Tour Concert<br>Underline Kong's actions to regain his identity and share what impressed you in this part with the class. | 根据文章结构细读文本，由表及里，挖掘文本内涵，感受孔祥东热爱音乐、永不满足、努力创新、坚持梦想的品质 | B2 分析判断<br>C1 推理论证<br>B1 描述阐释 |
| Summary | Students introduce Kong Xiangdong by combining his piano experience and what we have inferred in 3rd reading. | 回顾总结、整合运用阅读中所获得的信息 | B3 整合运用 |
| Post reading | | | |
| Play a "Hot Seat" game | Students work in groups, choose one as "Kong Xiangdong" to sit on the hot seat and the other group members will ask questions. | 以向孔祥东提问题的形式引导学生深入对孔祥东的思考 | |

续表

| | 教学活动<br>Activities | 教学意图<br>Intentions | 学科能力点 |
|---|---|---|---|
| Make comments | Students make comments on Kong Xiang dong. | 回顾所学，总结提升，凸显暗线 | C3 批判评价 |
| Appreciation | Students enjoy My Motherland played by Kong Xiang dong. | 让学生体验孔祥东新的音乐风格 | — |
| Homework | （1）Read another two articles about Kong Xiangdong and write a passage on the change of his identity in different stages. Don't forget to evidence to support your opinions.<br>（2）Watch Kong's another performance（《将军令》）. | | |

该教师在教学指导教师的指导下，通过说课和研讨、两次试讲，最终打磨出正式讲的教学设计，其优点如下。

在教学目标上，一方面融入了"英语学科能力表现框架"的内容，有效地结合了学生表现薄弱的 B1 描述阐释、B3 整合运用、C2 预测想象、C3 批判评价四种能力，清晰地阐述了该教师基于文本阅读培养学生思维能力的具体内容和教学方式；另一方面，教学目标之间形成"目标链"，目标之间层层递进，对学生英语学科能力的培养从低到高依次推进。

在教学流程上，该教师从"信息差"入手，通过让学生提取信息、整合信息、构建意义、系统总结、深层理解、批判评价、鉴赏体验等系统化地培养了学生的英语学科能力和思维能力。

学科指导教师对该教师正式讲的教学设计给予了肯定，认为此教学设计对用英语阅读教学发展学生思维能力、提升学生思维品质具有借鉴意义。

### 三、教学改进的实施效果与反思

#### （一）基于后测数据的教学改进效果

参加后测的改进班和对照班共 66 名学生；测试时间为 45 分钟。测试期间，考场纪律良好，考生答题态度端正，为后续的数据分析和教学效果诊断打下了良好的基础。

表 6-9 为参加后测学生的样本信息；图 6-6 显示了改进班和对照班后测总能力及 A、B、C 能力的对比。

表6-9　参加后测的学生样本信息

| 改进年级 | 改进班 | 对照班 | 总计 |
|---|---|---|---|
| 高一 | 37人 | 29人 | 66人 |

通过单维Rasch模型和多维Rasch模型计算出后测中改进班和对照班的总能力及各级能力值。从图6-6可以看出，在总能力方面，改进班明显高于对照班。在各级能力方面，改进班在A、B、C能力上都显著高于对照班。其中，在B能力和C能力上，改进班有明显的提高。这说明，基于"英语学科能力表现框架"的教学改进在提高改进班学生总能力及教学诊断时表现出的各项薄弱能力上效果显著。

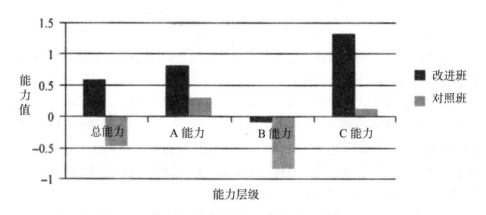

6-6　改进班和对照班后测总能力及一级能力

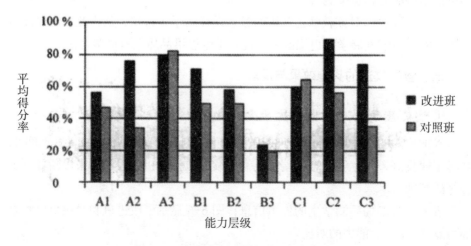

图6-7　改进班和对照班后测平均得分率

从改进班和对照班后测平均得分率来看，如图 6-7 所示，除 A3、C1 外，改进班在其他所有能力点上都明显高于对照班。其中在教学诊断结果确定需改进的 B1 描述阐释、B3 整合运用、C2 创造想象、C3 批判评价四种能力上，改进班都明显高于对照班，这反映出基于"英语学科能力表现框架"的高中英语教学改进效果显著。

## （二）案例点评

经过项目组和该教师将近两个学期的不懈努力，该教师设计出体现"英语学科能力表现框架"内涵的教学设计，构建了师生良性互动的优质课堂，发展了学生的思维能力，提升了学生的思维品质。以下是该教师基于"英语学科能力表现框架"的教学改进案例对如何提高学生英语应用实践能力给予的启示。

理解"英语学科能力表现框架"的内涵，并将其有意识地与教学设计及教学实践相结合。改进教师参与教学改进时首先需理解"英语学科能力表现框架"各个能力的内涵。例如，B1 描述阐释的内涵是"学生能用英语描写或叙述图表、程序 / 步骤、相关主题（如个人生活、工作）等；能用英语阐释词汇、语句和图表的含义和用意"。内涵的表述方式通过描述学生能做什么进行阐述，这有助于教师对内涵的理解并将其运用到实践中去。其次，需注意不同学科能力水平之间的逻辑关系。例如，由 A 能力到 C 能力，其能力水平是从弱到强依次增高的，即 A<B<C。同一能力水平内的各个二级能力水平也存在类似的逻辑关系，例如，B 能力里的三个二级能力点 B1 描述阐释、B2 分析判断、B3 整合运用，其能力水平也是从弱到强依次增高的，即 B1<B2<B3。此外，对"英语学科能力表现框架"的理解不能仅停留在概念上，还要落实到教学实践中。例如，该教师通过对"英语学科能力表现框架"的学习理解，不断尝试将其运用到自己的教学设计中，呈现出有效结合"英语学科能力表现框架"的教学设计，并在正式讲中产生了明显的改进效果，激发了学生的思维，提高了学生的学科能力。

抓住文本主线，确定文本主题。教师在进行文本解读时，需抓住文本的主线，才能在教学中让学生在初步理解文本意义的基础上，概括段落大意或解读文本的细节信息。该教师在正式讲的教学设计中，在读中（while reading）环节先让学生通读一遍文本，初步感知文本的意义，再回答学生自己提出的问题，使学生对文本有了进一步的理解。接着让学生进行第二遍文本的阅读。通过两次文本的阅读及关于文本问题的解答，学生已经对文本意义有了全面的了解，在此基础上，该老师才让学生获取孔祥东职业生涯的发展历程信息，开始切入对文本细节信息的解读。在学生提取有关文本大意与细节信息之后，该教师开始引导学生理清文本的主线，获取文章的结构。这几个教学活动中涉及 A3 提取概括和 B3 整合运用的能力。因为根据教学诊断的结果来看，B3 整合运用是改进班学生表现薄弱的能力，所以该教师没有一开始就设计教学活动挑战学生 B3 整合运用的能力，而是循序渐进地为学生搭支架，先让学生运用 A3 提取概括的能力去理解文本的大意，进而顺其自然地让学生给文本分段，潜移默化地培养学生 B3 整合运用的能力。由此可见，对学生学科能力的培养与对文本解读的过程是相辅相成的。另外，在文本解读时，可能会解读出不同的主题，这时教师需结合学生的兴趣等因素来确定。该教师在最初说课时给文本确定的主题是"热爱中国民族音乐"，但是，结合学生的兴趣、文本的可挖掘性与主题的可操作性，在学科指导教师的建议下，该教师将文本的主题改为"不断创新"。这一文本主题的确定为提高学生应用实践能力提供了更多的可操作性。例如，围绕这一主题，该教师制定了"学生能够根据孔祥东弹钢琴经历的每一阶段的特点，通过阐释、分析、推断等思维活动获得孔祥东的优秀品质"的目标，依据目标，该教师设计了相应的教学活动以培养学生的 B1 描述阐释、B2 分析判断等能力。

### （三）基于教师及学生访谈等质性数据的教学改进效果

#### 1.教师访谈

正式讲后的第二天，学科能力团队对该教师做了访谈。通过对该教师访谈数据的分析得出，该教师在教学改进后对学生能力有了新的认识，对学生思考状况、互动情况及回答问题的质量有了新的感受，教学中"教师控制"的现象在减少。

（1）对学生能力的再认识。试讲过程中，该教师曾一再质疑"学生到底能不能想这么多"。在正式讲的教学设计中涉及大量学生需要思考的任务，而学生目前的外语水平跟不上其认知水平，所以该教师自己心里也没底，不知道学生是否能完成任务。但实践证明，学生的想法很多，而且能够用英文表达出来，他们的能力比教师预想的要高。正如该教师在访谈中所言："我觉得学生确实很有思想，不能说他们没有批判性思维，我觉得他们对一些问题，很有自己的看法。"

（2）不一样的感受。下面的访谈片段体现了该教师对正式讲的感受。

该教师：让学生自己思考、思维的含量多了。

指导教师：你觉得学生学习反应怎么样？

该教师：我觉得还挺好的。

指导教师：怎么个好法？

该教师：这节课学生挺活跃的，平时没有这么活跃。

指导教师：嗯。你觉得这节课的思维含量要比你一般的常态课堂要多，是吗？

该教师：嗯嗯嗯。平时没有几个特别需要思考的问题。

指导教师：还有别的感受吗？

该教师：然后，学生反应也可以，学生的参与度也比我原来的常态课要好。

指导教师：嗯。

该教师：他（们）回答问题的角度也比原来要广一点，不那么局限。

指导教师：角度更广是吧？

该教师：嗯。

通过以上访谈片段可以看出，该教师认为正式讲中学生在思考状况、互动情况以及回答问题的质量三方面与日常课不同。这三方面的不同主要源于学生在课堂上思考量的增加。由此可见，在阅读课上，教师应引导学生进行大量思考，拓展学生的思维，让学生参与到课堂互动中来。

（3）"教师控制"现象减少。在两次试讲中，该教师在课堂上都表现出"教师控制"现象，教师问，学生答，教师牵着学生走。这种模式容易导致课堂教学僵化，很多学生往往是被提问了就思考一下，没被提问到就不参与课堂互动。当该教师被问及自己怎么看待"教师控制"现象时，她反思道："原来只是设计简单的活动，即教师问学生答，设计深入点的问题，就容易把我的思维强加给学生。"

从以上教师访谈片段可以看出，该教师意识到自己存在"教师控制"的问题，在设计问题时从自己的角度出发，忽视学生的角度，课堂上期待学生说出自己预设的答案。这样做限制了学生的思维空间，不利于学生思维的发展。

2. 学生访谈

学生访谈于该教师正式讲结束的当天进行，参与访谈的学生（用 A、B、C 分别代表）的英语成绩在改进班中分别位于不同的层次，目的在于更全面地从学生角度获取对基于"英语学科能力表现框架"教学改进的阅读课堂设计的看法。学生对于这节课的评价如下。

（1）教学方法新颖。"她先给我们设计了一张表，即他（孔祥东）在一开始（……），之后他又经历了人生的几个阶段，包括他的成就，以二维图的

形式呈现，就像把文章转变成图片，这种方法很新颖，因为我们以前没有经历过这样的教学方法。"（学生B）

（2）基于文本证据的思考。"中间讨论的环节，同学们表达的都是自己的思想，然后通过文章里的信息找到一些依据，来支持自己的结论，最后互相讨论、辩论。我今天就想到一点，听到他们发言之后，我扩充自己的想法对这篇文章有了更深刻的理解，并用自己的观点跟别人的观点做对比，比如，我不同意其观点，我就会在文章中找出一些依据来支持我的观点，去证明他的观点不对。"（学生C）

（3）更加开放的思考空间。"我认为老师关注所有人的观点，因为她会不停地、反复地询问你是否还有别的意见。然后对于所有观点，她也不主动加以评论，而是让同学们用自己的观点来反驳别人的意见。以前，老师也是先让我们表达观点，然后综合在一起，形成一个观点或两个观点，比如对比很鲜明的两个观点，老师就会发表一下自己的意见，说明她倾向于哪一边，之后，让同学们再去选择。"（学生B）

（4）文本解读方式新颖。"不同之处在于刚上来对文本的梳理，她（该教师）以前是列一个表格，表格也是以时间轴的形式，比如，按时间顺序，她再列出内容，但今天，她又有了发展的趋势。这一点能帮助我们更好地理解文章的内容。像刚开始的那个表格，只是知道什么时间发生了什么事，而现在我们能知道事情发展的趋势。"（学生C）

（5）思考量多。"今天思考得挺多，因为时间比较充裕，问题也比较多，老师让你找每一块的详情，读深层含义，我认为这些都需要一点思考，应该回到原文，有些地方重复看上两遍三遍，再去结合上下文，我认为这样挺好的。"（学生B）

"我觉得思考得挺多，基本上每个问题都有思考。"（学生C）

"同学们都很积极，他们有不同的观点、不同的想法，然后我会结合他们的想法形成我的观点。一节课下来思考了很多。"（学生A）

通过学生访谈可以看出，该教师基于"英语学科能力表现框架"的教学设计新颖，满足了学生的需求，给予学生充足的思考空间，引导学生思考问题有理有据，发展了学生的思维能力，提升了学生的思维品质。

### （四）教师个人报告和反思

教学改进之后，该教师做了汇报，并根据课题组要求从为什么培养学生的学科能力以及如何从碎片化知识讲解到活动化学科育人和从教师控制到以学生学习为中心的过程进行了反思。该教师深刻理解了为什么要强调"教育要回归原点，从学生出发，以人为本，尊重生命，育人为先；教育不是要控制、灌输、纠正，而是要点燃、激励、唤醒；英语课程改革的深化与创新，一切从教师改变开始"。

下面全文展示该教师的反思。

从碎片化知识讲解到活动化学科育人，从教师控制为中心到学生学习为中心——基于"英语学科能力表现框架"的高中英语教学改进

1. 什么是学科能力

美国教育家杜威（Dewey）在谈到学科知识内容时强调，科学家的学科知识与教师的学科知识是不一样的，教师必须把学科知识"心理学化"，以便学生能理解。这种学科知识的"心理学化"，尽管包含着教师根据学习心理来传授知识的内容，但最主要的还是使学科知识概括化(或类化)为学生的学科能力。所以，学科能力既源起于学科教学的学科知识，又依赖于学生心理能力本身的发展，是学科教学教育与学生智力发展有机结合的产物。基于学生的知识学习和认知活动，学生的学科能力表现往往体现为由内隐的学科思维过程和外显的学科行为反应决定的学科素养。

英语学科能力是建立在一般能力基础上的有着显著英语学科特殊性的能力。

2. 为什么要培养学科能力

《国家中长期教育改革和发展规划纲要（2010—2020 年）》强调全面实施素质教育，必须贯彻"坚持能力为重"的指导思想，培养广大中小学生的"学习能力、实践能力和创新能力"；林崇德教授也提到"到了高中二年级前后（约 15 ~ 17 岁）逻辑思维趋于成熟的时候，个体的学科能力差异水平，也趋于'初步的定型'。个体逻辑抽象思维成熟前学科能力发展变化的可塑性大，成熟后学科能力，尤其是理科能力发展变化的可塑性小。"因此，对学生学科能力培养的重心，应放在基础教育阶段。

3. 基于学科能力的高中英语阅读教学

（1）理论依据

阅读理解的程度分为三个层次：表层理解（对文本符号进行意义的解码和建构）、深层理解（深入探究语言背后的隐含意义）和评价性理解（批判性地认识本文的核心主题），如图 6-8 所示。

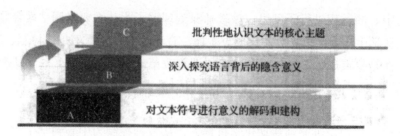

图6-8 阅读理解程度的三个层次

（2）课例阐释

①导入：从"要我学"到"我要学"。

教师发给学生只含有文章标题和图片的学案，让学生回答下面四个问题：

- What information can you get?
- What are you curious about?
- What do you want to know about the text?
- What might the text mainly talk about?

导入一定要紧扣文本核心内容，减少教师控制，采用灵活自由的活动设计，真正让学生去思考，激发学生的好奇心和求知欲，恰到好处地激活学生已有认知和文本知识的信息差。

②符号解码：抓意义主线，提供中介工具，理文章结构。

- Students read the text, complete Kong's music experience in the coordinate graph and divide it into several parts.

解码语言符号建构文本信息时，教师首先要准确把握文本的意义主线，然后根据主线设计活动，给学生可操作的中介工具以帮助学生在提取信息、概括信息、整合信息的过程中也明晰文本的意义主线。

③深层理解：指向文本核心，启发深度思考，探究隐含意义。

教师让学生在表层阅读理解中划分孔祥东人生经历的每一部分，然后完成下列任务：

1st part：practiced piano hard and became famous worldwide

Read between the lines to get more information that helps you to understand why Kong could become famous worldwide.

2nd part：lost his identity

A.What was Kong's identity？

B.What does he mean by saying "in some ways he had lost his identity"？

3rd part：Dream Tour Concert

Underline Kong's actions to regain his identity and share what impressed you in this part with the class.

文本分析首先要找到表层结构的主线，然后顺着主线深挖到深层结构的暗线。每一篇文本要传递的核心精神都是独一无二的，教师要把握这个核心，并据此或组织教学活动，或创设教学情境，或设计教学问题，给学生提供广阔的思维空间或原生态的学习机会，使其直面完整的原始文本，本着科学的精神，通过分析判断、推理论证、创造想象等思维活动体会文本内涵的价值与意义。

④批判性评价：启迪高阶思维，引领主流价值，塑造健全品格。

A.Play a "Hot Seat" game.

Students work in groups，choose one as "Kong Xiangdong" to sit on the hot seat and the other group members will ask questions.

B.Make comments.

Students make comments on Kong Xiangdong.

批判性思维的培养是有条件的，是所有能力培养中最难达成的。首先在深层理解文本时，教师要组织学生原生态地捕捉到文本的核心价值；其次教师要创设适合的活动、情境、问题等条件为学生可能形成批判性思维搭建平台；此外，学生平时的阅读量、对社会的关注度及是否有经常深度思考的习惯都会制约着学生批判性思维能力的形成。

综观这节课，从导入中只给学生标题和图片让学生预测文本内容，到解读文本符号建构文本信息时让学生完成表示孔祥东人生经历的时间轴，到深层理解探究隐含意义时让学生读出言外之意分析孔祥东身份的变化，再到最后让学生玩"Hot Seat"的游戏，都是指向一个目标：让学生自己探究出这篇文本想要传达的原始的思想。回到原点的教育，回归本质的教育，才能解放学生的思维，培养学生的学科能力和学习能力，塑造学生正确的价值观和优秀的品格。

（3）收获与感悟

任何学科的教学都不是仅仅为了获得学科的若干知识、技能和能力，而是要同时指向人的思想情感、思维方式、生活方式和价值观的生成与提升。学科教学要有文化意义、思维意义、价值意义，即人的意义。

高中英语阅读教学应回归教育最本真的状态，尊重文本的原始思想，尊重学生的学习能力，教师设计合理的情境、活动或问题，给学生提供广阔的思考空间和学习平台，让学生以主题意义探究为目的，通过感知、预测、获取、分析、概括、比较、评价、创新等思维活动，学会学习，构建结构化知识，形成文化理解，塑造正确的人生观和价值观，促进英语学科核心素养的形成与发展。

此外，教师在培养学生思维能力的同时要兼顾学生语言能力的发展。作为一门外语，英语语言能力的发展与思维能力的培养相辅相成，语言能力会制约学生思维能力的培养，而且教师是否培养了学生的思维能力，是否引领了学生的价值取向，一定要从学生的认知变化和行为表现来判断，而不是教师的主观臆断，不是教师认为自己的教学设计承载了这项功能就一定能达到预期的效果。

# 参考文献

[1] 安德森等.布卢姆教育目标分类学:分类学视野下的学与教及其测评[M].蒋小平，张琴美，罗晶译.北京：外语教学与研究出版社，2009.

[2] 冯忠良，冯姬.教学新论——结构化与定向化教学心理学原理[M].北京：北京师范大学出版社，2011.

[3] 曾灿涛.初探英语学科核心素养的实质内涵[J].课程教育研究，2018（04）：82-83.

[4] 曹佳璠.核心素养背景下基础教育英语学科教师的教学能力要求[J].现代交际，2019（03）：31-32.

[5] 苟丽红.英语教学如何强化学生的学科核心素养[J].课程教育研究，2019（29）：97-98.

[6] 郭元祥，马友平.学科能力表现：意义、要素与类型[J].教育发展研究，2012（Z2）：29-34.

[7] 韩宝成，常海潮.中外外语能力标准对比研究[J].中国外语，2011（04）：39-46.

[8] 韩宝成，张允.高考英语测试目标和内容设置框架探讨[J].外语教学与研究，2015（03）：426-436.

[9] 李旺平.核心素养下的初中英语阅读教学探究[J].成才之路，2019（24）：17.

[10] 李响，芦建顺.核心素养理念下英语阅读教学中的"支架"模式[J/OL].河北北方学院学报（社会科学版），2019（09）：111-116.

[11] 林崇德.基础教育改革心理学研究30年[J].教育研究，2009（04）：61-66.

[12] 林崇德.从智力到学科能力[J].课程·教材·教法，2015（01）：9-20.

[13] 刘奇正.核心素养视域下高中英语学习方法的几点思考[J].英语广场，2019（09）：142-143.

[14] 刘阳.基于核心素养培养的初中英语阅读教学思考 [J].英语广场，2019（09）：141-142.

[15] 罗少茜，马晓蕾.基于认知过程维度的第二语言能力表现行为框架的构建 [J].学术探索，2014（07）：88-91.

[16] 马灿军.以英语学科为主导的综合实践活动的开展路径研究 [J].华夏教师，2018（29）：43-44.

[17] 祝井霞.核心素养下高年级学生基本能力的培养 [J].小学教学参考，2019（27）：11-12.

[18] 王畅.浅谈在小学英语教学中培养学生的核心素养 [J].课程教育研究，2019（36）：118.

[19] 王国红，何善亮.在互动教学中提升学生的英语学科能力 [J].教学与管理，2019（09）：98-100.

[20] 王卡.基于核心素养优化高中英语课堂教学 [J].海外英语，2019（14）：190-191.

[21] 王焜.阻碍学生核心素养培养的因素及避免的策略 [J].学周刊，2019（28）：56.

[22] 王悦.基于核心素养导向的小学英语教学 [J].科教文汇（上旬刊），2019（09）：135-136.

[23] 魏惠.初中英语学科核心素养与关键能力的培育 [J].北京教育（普教版），2018（09）：48.

[24] 魏艳茹.英语学科核心素养下高中生英语学习能力培养现状的调查研究——以汉中市某中学为例 [D].陕西理工大学，2019.

[25] 张冰.新时代高职院校英语教师核心素养发展研究 [J].英语广场，2019（09）：74-75.

[26] 张晶.基于核心素养的初中英语课外阅读指导策略探索 [J].农家参谋，2019（17）：228.

[27] 张林，文显华.论中国学生的英语能力结构 [J].外语教学与研究，1989（01）：48-56.

[28] 张熊利，王松槐.基于英语学科核心素养下初中生阅读能力测评模式研究——以初一年级英语阅读试题为范本 [J].英语广场，2018（07）：111-113.

[29] 张燕华，郑国民，关惠文.中学生语文学科能力表现——基于 Rasch 模型的语文测试评价 [J].课程·教材·教法，2014（11）：69-74.

[30] 苗范范.学科核心素养视野下小学生英语学习能力培养课例研究 [D].

聊城大学，2018.

[31] Benjamin S. Bloom. Taxonomy of Educational Objectives，Handbook Ⅰ：Cognitive Domain[M]. New York：David McKay，1956.

[32] Lyle Bachman，Adrian Palmer. Language Assessment in Practice[M]. Oxford：Oxford University Press，2010.

[33] Common Core State Standards Initiative. Common Core State Standards for English Language Arts & Literacy in History/Social Studies，Science，and Technical Subjects[EB/OL]，Available from：http：//www.corestandards.org/ELA-Literacy/，2010.